¡Elija su WoW!

Un enfoque de Disciplined Agile
para optimizar su forma de trabajar

Segunda edición

Scott W. Ambler
Mark Lines

Se han solicitado los datos para la catalogación en publicación en la Biblioteca del Congreso.

Nombres: Ambler, Scott W., 1966 - autor. | Lines, Mark, 1964 - autor.
Título: Choose your wow! : a disciplined agile approach to optimizing your way of working / Scott W. Ambler, Mark Lines.
Descripción: Segunda edición | Newtown Square, Pennsylvania: Project Management Institute, Inc., [2022] |
    Incluye referencias bibliográficas y un índice. | Resumen: «Cientos de organizaciones de todo el mundo ya se han
    beneficiado de Disciplined Agile Delivery (DAD). Disciplined Agile® (DA) es el único kit de herramientas completo disponible para
    la orientación sobre la creación de equipos ágiles de alto rendimiento y la optimización de su forma de trabajar (WoW).
    Como un híbrido de los principales enfoques ágiles, Lean y tradicionales, DA proporciona cientos de estrategias
    para ayudarle a tomar mejores decisiones dentro de sus equipos ágiles, equilibrando la auto-organización
    con las realidades y limitaciones de su contexto empresarial en particular»-- Suministrado por la editorial.
Identificadores: LCCN 2021062503 (print) | LCCN 2021062504 (ebook) |
    ISBN 9781628257540 (paperback) | ISBN 9781628257557 (ebook)
Áreas temáticas LCSH: Desarrollo Ágil de software. | Dirección de proyectos. | Equipos en el lugar de trabajo.
Clasificación: LCC QA76.76.D47 A42525 2022 (print) | LCC QA76.76.D47 (ebook) |
    DDC 005.1/112--dc23
Registro de LC disponible en https://lccn.loc.gov/2021062503
Registro de ebook LC disponible en https://lccn.loc.gov/2021062504

ISBN: 978-1-62825-766-3 (español)

Publicado por: Project Management Institute, Inc.
                   14 Campus Boulevard
                   Newtown Square, Pennsylvania 19073-3299 USA
                   Teléfono: +1 610 356 4600
                   Fax: +1 610 356 4647
                   Correo electrónico: customercare@pmi.org
                   Internet: www.PMI.org

Para colocar un Pedido Comercial u obtener información sobre precios, póngase en contacto con Independent Publishers Group:

        Independent Publishers Group
        Order Department
        814 North Franklin Street
        Chicago, IL 60610 EE.UU.
        Teléfono: 800 888 4741
        Fax: +1 312 337 5985
        Correo electrónico: orders@ipgbook.com (para órdenes solamente)

Prólogo

Todos los modelos están equivocados, pero algunos son útiles.
—George Box, 1978

Usted es especial; es un copo de nieve precioso y único. También lo son su familia, sus amigos, sus comunidades, su equipo, sus compañeros, sus colegas, su área de negocios, su organización. Ninguna otra organización tiene los mismos conjuntos de personas, las mismas normas de comportamiento, los mismos procesos, el mismo estado actual, los mismos impedimentos, los mismos clientes, la misma marca, los mismos valores, el mismo historial, el mismo folklore, la misma identidad, la misma "esta es la forma en que hacemos las cosas por aquí" como lo hace su organización.

El comportamiento de su organización es emergente. El todo es mayor que la suma de las partes, el todo tiene propiedades únicas que las personas no tienen. Actuar dentro del espacio cambia el espacio. Los comportamientos individuales y colectivos mutan y se auto-organizan en un evento que inicia el cambio. Las intervenciones son irreversibles, como añadir leche al café. El sistema cambia. Las personas no olvidan lo que pasó y cuál fue el resultado. El sistema aprende. La próxima vez, la respuesta al evento de cambio será diferente, ya sea para bien o para mal, reflejando lo que sucedió la última vez y con base en la incentivación. Sus contextos no solo son únicos, sino que están cambiando constantemente y están cambiando la forma en que cambian.

Con esta singularidad, surgimiento y adaptación, no es posible tener un conjunto de prácticas que optimicen los resultados para cada contexto. Un conjunto de prácticas podría mejorar los resultados para un contexto en un momento determinado. Con el paso del tiempo, a medida que el sistema cambie con nuevos impedimentos y nuevos facilitadores, ya no será óptimo. Una talla única para todo no sirve para todos. No hay una cura milagrosa para todos los males. Su organización tiene decenas, cientos o miles de contextos dentro de contextos, cada uno único. La aplicación de una talla única para todo en muchos contextos puede hacer flotar algunos barcos; sin embargo, hundirá otros barcos y evitará que floten muchos más barcos.

La forma en que se adopten las prácticas también es importante, no solo cuáles son. Para una mejora duradera y para aplicar una mentalidad Ágil a la agilidad, el locus de control debe ser interno. Las personas necesitan tener autonomía y empoderamiento dentro de los barandales para poder experimentar con el fin de mejorar los resultados deseados. Se necesitan una elevada alineación y una elevada autonomía. No es una imposición de arriba hacia abajo, la cual resulta desempoderante, con el locus de control externo. Con la imposición, la gente no se hará responsable por lo que sucede, y a sabiendas hará cosas que son perjudiciales, un comportamiento conocido como estado agéntico.

Disciplined Agile® (DA™) está diseñada para satisfacer estas realidades, las características de singularidad, surgimiento y adaptación. Disciplined Agile proporciona barandales, orientación y concientización de la empresa. Es única en este sentido. Proporciona un vocabulario común, barandales mínimos viables, lo que a su vez permite el empoderamiento y la autonomía de los equipos y equipos de equipos para mejorar sus resultados como les parezca, con un locus de control interno. No todos deben seguir un enfoque obligatorio, sincronizado y basado en la iteración, por ejemplo. En mi experiencia, en una organización grande con más de un contexto, las iteraciones sincronizadas son apropiadas para un contexto (por ejemplo, muchos equipos sobre un producto con un bajo nivel de dominio y con dependencias que no han sido eliminadas o mitigadas) y no se adaptan a otros 99 contextos. No se trata de aplicar una mentalidad Ágil a la agilidad. A algunas áreas de negocio les conviene adoptar un enfoque Kanban desde el principio, especialmente si existe una cultura patológica en la que se condena al portador de malas noticias. La evolución sobre la revolución representa una oportunidad de progreso. La revolución luchará; ante la falta de seguridad psicológica, los anticuerpos serán fuertes. Algunas áreas de negocios, con personas que han estado trabajando de esta manera en islas de agilidad durante más de 20 años y teniendo seguridad psicológica, pueden optar por adoptar un enfoque más revolucionario, ya que el suelo es más fértil, las personas están más dispuestas y los experimentos fallidos se ven positivamente.

Disciplined Agile permite un enfoque heterogéneo, no homogéneo, en organizaciones diversas y complejas. Incluye principios de "la elección es buena", "el contexto importa" y "concientización empresarial". Permite la disciplina que las organizaciones necesitan, sin meter a la fuerza clavijas redondas en agujeros cuadrados. Proporciona un vocabulario común y, con las metas del proceso, presenta opciones a considerar para su contexto único, con diferentes niveles de maestría. Esto requiere que la gente piense en lugar de seguir órdenes, que asuma la responsabilidad y experimente para lograr resultados específicos, y no que persiga la agilidad sólo por la agilidad misma. Esto es más difícil que seguir una prescripción o un *dictado*; requiere liderazgo de servicio y coaching, de la misma manera que aprender a conducir, esquiar, tocar un instrumento musical o tocar en una orquesta o participar en un deporte de equipo. Como una talla única no sirve para todos, ya que no hay prescripción (por ejemplo, es una falacia copiar "el Modelo Spotify" en toda la empresa; incluso Spotify® dice que no es el Modelo Spotify), este enfoque sensible al contexto, de invitación sobre imposición conduce a mejores resultados y es más probable que permanezca, ya que ha surgido desde dentro, el locus de control es interno y se tiene posesión del mismo. No hay nadie más a quien culpar, y no hay nadie que mantenga artificialmente la banda elástica estirada. Se empieza a desarrollar un músculo para la mejora continua.

Dentro de Disciplined Agile, si los equipos optan por adoptar Scrum; un patrón a escala de Scrum, como LeSS, SAFe®, Nexus® o Scrum a escala; o adoptan un enfoque evolutivo de trabajo en progreso limitado basado en realizar "pull", con el fin de optimizar los resultados en su contexto único, son libres de hacerlo: #allframeworks, no #noframeworks o #oneframework. En la totalidad de una organización, DA proporciona la comunalidad mínima viable, así como la orientación que se necesita para cualquier otra cosa que no sea la más sencilla de las empresas.

El trabajo para el que está empleando Disciplined Agile es permitir enfoques de agilidad heterogéneos y sensibles al contexto, lo que maximizará los resultados en toda la organización. Como con todo, trátelo como un punto de partida, no como un destino. A medida que aumente el nivel de dominio de toda la organización, siga inspeccionando y adaptando. Este libro es una guía indispensable para aquellos que buscan optimizar las formas de trabajar en organizaciones heterogéneas.

Jonathan Smart @jonsmart
Director de Agilidad Empresarial, Deloitte
Anterior jefe de Ways of Working, Barclays

Prefacio

El desarrollo de software es increíblemente sencillo, y si se nos permite ser tan audaces, es muy probable que sea el esfuerzo más simple en las organizaciones modernas. Requiere muy poca habilidad técnica en absoluto, demanda poca o ninguna colaboración por parte de los desarrolladores, y es tan mundano y repetitivo que cualquiera puede crear software siguiendo un proceso sencillo y repetible. El puñado de técnicas de desarrollo de software se establecieron y acordaron hace décadas, se aprenden fácilmente en sólo unos pocos días, y son bien aceptadas y bien conocidas por todos los profesionales de software. Nuestros interesados pueden comunicar claramente sus necesidades al principio del ciclo de vida, están fácilmente disponibles y ansiosos por trabajar con nosotros, y nunca cambian de opinión. El software y las fuentes de datos creadas en el pasado son de alta calidad, fáciles de entender y de evolucionar, y vienen con conjuntos de pruebas de regresión totalmente automatizadas y documentación de soporte de alta calidad. Los equipos de desarrollo de software siempre tienen el control total de su destino, y cuentan con el apoyo de prácticas eficaces de gobernanza corporativa, adquisición y financiación que reflejan y permiten las realidades a las que nos enfrentamos. Y, por supuesto, es fácil contratar y retener a desarrolladores de software talentosos.

Lamentablemente, muy poco o nada en el párrafo anterior es incluso remotamente similar a la situación que enfrenta su organización hoy en día. El desarrollo de software es complejo, los entornos en los que trabajan los desarrolladores de software son complejos, las tecnologías con las que trabajamos son complejas y cambian constantemente, y los problemas que se nos pide resolver son complejos y evolucionan. Es hora de aceptar esta complejidad, de aceptar la situación a la que nos enfrentamos, y de elegir enfrentarla.

Por qué necesita leer este libro

Uno de los principios de Ágil es que un equipo debe reflexionar regularmente y esforzarse por mejorar su estrategia. Una forma de hacerlo es el juego retrospectivo del velero, donde nos preguntamos cuáles son los anclajes que nos frenan, qué rocas o tormentas debemos tener en cuenta y cuál es el viento en nuestras velas que nos impulsará al éxito. Entonces, juguemos a esto para el estado actual del desarrollo Ágil de productos en el contexto de alguien, presumiblemente usted, que espera ayudar a su equipo a elegir y evolucionar su forma de trabajar (WoW).

En primer lugar, hay varias cosas que potencialmente nos están frenando:

1. **El desarrollo de productos es complejo.** Como profesionales, nos pagan mucho dinero porque lo que hacemos es complejo. Nuestro WoW debe enfrentar cómo abordar los requisitos, la arquitectura, las pruebas, el diseño, la programación, la dirección, la implementación, la gobernanza y muchos otros aspectos del desarrollo de software/productos de innumerables maneras. Y debe describir cómo hacer esto a lo largo de todo el ciclo de vida de principio a fin, y también abordar la situación particular que enfrenta nuestro equipo. En muchos sentidos, este libro muestra las complejidades a las que se enfrentan los desarrolladores de software y proporciona un kit de herramientas flexible y sensible al contexto para lidiar con ellas.

2. **Complejo industrial de Ágil (AIC).** Martin Fowler, en una conferencia magistral en Melbourne en agosto de 2018, acuñó la frase "complejo industrial de Ágil" [Fowler]. Argumentó que ahora estamos en la era del AIC, con marcos de referencia prescriptivos que son impuestos rutinariamente a los equipos, así como a toda la organización, presumiblemente para proporcionar a la dirección un mínimo de control sobre esta locura de Ágil. En tales entornos, ahora será "desplegado" un conjunto de procesos definidos por el marco de referencia elegido, ya sea que tenga sentido para su equipo o no. Estamos implementando esto, le gustará, será suyo, pero no sueñe con tratar de cambiarlo o mejorarlo porque la dirección espera "limitar la variabilidad de los procesos de los equipos". Como aconseja Cynefin, uno no puede resolver un problema complejo aplicando una solución simple [Cynefin].

3. **El crecimiento de Ágil superó en gran medida la oferta de coaches experimentados.** Aunque existen por ahí algunos grandes coaches de Ágil, desafortunadamente el número es insuficiente para abordar la demanda. Los coaches efectivos tienen grandes habilidades con las personas y años de experiencia, no días de capacitación, en el tema en el que te están realizando coaching. En muchas organizaciones, encontramos coaches que están aprendiendo efectivamente en el trabajo, de manera similar a los profesores universitarios que están leyendo un capítulo por delante de sus estudiantes. Pueden abordar los problemas sencillos, pero tienen dificultades con cualquier cosa que vaya más allá de lo que los procesos de AIC les imponen.

También hay varias cosas a tener en cuenta que podrían hacernos encallar:

- **Falsas promesas.** Es posible que haya escuchado a los facilitadores de Ágil afirmar que logran aumentos de productividad 10 veces a través de la adopción de Ágil, pero no pueden proporcionar ninguna métrica para respaldar estas afirmaciones. ¿O tal vez has leído un libro que afirma en su título que Scrum te permite hacer el doble de trabajo en la mitad del tiempo [Sutherland]? Sin embargo, la realidad es que las organizaciones están viendo, en promedio, mejoras más cercanas entre el 7 y 12 % en equipos pequeños y entre el 3 y 5 % en equipos que trabajan a escala [Reifer].

- **Más balas de plata.** ¿Cómo se mata a un hombre lobo? Un solo disparo con una bala de plata. A mediados de la década de 1980, Fred Brooks nos enseñó que no hay un solo cambio que se pueda hacer en el espacio de desarrollo de software, ninguna tecnología que se pueda comprar, ningún proceso que se pueda adoptar, ninguna herramienta que se pueda instalar, que le entregue el orden de mejora de la productividad de magnitud que probablemente esté esperando [Brooks]. En otras palabras, no hay una fórmula milagrosa para el desarrollo de software, independientemente de las promesas de los esquemas en los que se convierte en un "maestro certificado" después de 2 días de capacitación, un consultor de programas después de 4 días de capacitación, o cualquier otra promesa de solución rápida. Lo que necesita son personas capacitadas, conocedoras y ojalá experimentadas que trabajen juntas de manera efectiva.

- **Populismo en los procesos.** A menudo nos encontramos con organizaciones donde el proceso de toma de decisiones del liderazgo cuando se trata del procesamiento de software se reduce a "preguntarle a una empresa analista en la industria lo qué es popular" o "¿qué están adoptando mis competidores?", en lugar de «¿cuál es la mejor opción?» para nuestra situación. El populismo en los procesos se alimenta de falsas promesas y de la esperanza del liderazgo de encontrar una fórmula milagrosa para los muy significativos desafíos que enfrenta en torno a la mejora de los procesos de su organización. La mayoría de los métodos y marcos de referencia ágiles son prescriptivos, a pesar de sus afirmaciones de mercadeo: cuando se le entrega un puñado de técnicas de las miles que existen, y no se le dan opciones explícitas para adaptar esas técnicas, eso es lo más prescriptivo que puede haber. Apreciamos que muchas personas solo quieren que se les diga qué hacer, pero a menos que ese método/ marco de referencia realmente aborde el problema real que se enfrenta, entonces adoptarlo probablemente no va a hacer mucho para ayudar a la situación.

Afortunadamente, hay varias cosas que son los "vientos en nuestras velas" que le impulsan a leer este libro:

- **Adopta su singularidad.** Este libro reconoce que su equipo es único y se enfrenta a una situación única. No más falsas promesas de un proceso "talla única para todos" que requiere una interrupción significativa y arriesgada para ser adoptado.
- **Adopta la complejidad a la que usted se enfrenta.** Disciplined Agile® (DA™) retiene efectivamente una imagen de las complejidades inherentes a las que se enfrenta, y presenta una representación accesible para ayudar a orientar sus esfuerzos de mejora de procesos. Se acabaron los métodos simplistas o los marcos de referencia de procesos que pasan por alto la miríada de desafíos que enfrentan sus organizaciones, porque hacerlo no encajaría bien con la capacitación para la certificación que esperan venderle.
- **Proporciona opciones explícitas.** Este libro proporciona las herramientas que necesita para tomar mejores decisiones de proceso que a su vez conducirán a mejores resultados. En resumen, le permite a su equipo tener su propio proceso y elegir su forma de trabajar (WoW) que refleje la dirección general de su organización. Este libro presenta una estrategia comprobada para la mejora continua guiada (GCI), una estrategia de mejora del proceso basada en el equipo, en lugar de la adopción ingenua de un "proceso populista".
- **Proporciona consejos agnósticos.** Este libro no se limita al consejo de un solo marco de referencia o método, ni se limita a Ágil y a Lean. Nuestra filosofía es buscar grandes ideas independientemente de su fuente y reconocer que no hay mejores prácticas (ni peores prácticas). Cuando aprendemos una nueva técnica, nos esforzamos por comprender cuáles son sus fortalezas y debilidades y en qué situaciones (no) aplicarla.

En nuestra capacitación, a menudo recibimos comentarios como "Ojalá lo hubiera sabido hace 5 años", "Ojalá mis coaches de Scrum lo supieran ahora" o "Al entrar en este taller, pensé que lo sabía todo sobre el desarrollo de Ágil. Caramba, estaba equivocado". Sospechamos que va a sentir exactamente lo mismo acerca de este libro.

Cómo está organizado este libro

Este libro está organizado en siete capítulos:

- **Capítulo 1: ¡Elección de su WoW!** Una descripción general del kit de herramientas de Disciplined Agile (DA).
- **Capítulo 2: Ser disciplinado.** Los valores, principios y filosofías para los agilistas disciplinados.
- **Capítulo 3: Disciplined Agile Delivery, en pocas palabras.** Una descripción general de Disciplined Agile Delivery (DAD), la parte de entrega de la solución del kit de herramientas de DA.
- **Capítulo 4: Roles, derechos y responsabilidades.** Una discusión sobre individuos e interacciones.
- **Capítulo 5: Las metas del proceso.** Cómo centrarse en los resultados del proceso en lugar de conformarse con las prescripciones del mismo, con el fin de que su equipo obtenga un enfoque adecuado para el propósito.
- **Capítulo 6: Elegir el ciclo de vida correcto.** Cómo pueden los equipos trabajar de maneras únicas, pero aún así ser gobernados de manera consistente.
- **Capítulo 7: Éxito disciplinado.** A dónde dirigirse a partir de aquí.

Y, por supuesto, está el material de respaldo, incluidas las referencias, una lista de abreviaturas y un índice.

Para quién es este libro

Este libro es para personas que quieren mejorar la forma de trabajar de su equipo (WoW). Es para personas que están dispuestas a pensar fuera de la "caja de Ágil" y experimentar con nuevos WoW, independientemente de su pureza en cuanto a Ágil. Es para las personas que se dan cuenta de que el contexto importa, que cada uno se enfrenta a una situación única y trabajará de su propia manera única, y que un proceso no se ajusta a todos los casos. Es para personas que se dan cuenta de que, aunque se encuentran en una situación única, otros se han enfrentado a situaciones similares antes y han descubierto una variedad de estrategias que puede adoptar y adaptar. Se pueden reutilizar los aprendizajes de procesos de otros y, por lo tanto, invertir sus energías en agregar un valor comercial crítico a su organización.

Nuestro objetivo al escribir este libro es proporcionar una visión general de la DA con un enfoque en la parte de la DAD.

Reconocimientos

Nos gustaría dar las gracias a las siguientes personas por todo su aporte y el arduo trabajo que invirtieron en ayudarnos a escribir este libro. No podríamos haberlo hecho sin ustedes.

Beverley Ambler
Joshua Barnes
Klaus Boedker
Kiron Bondale
Tom Boulet
Paul Carvalho
Chris Celsie
Daniel Gagnon
Drennan Govender
Bjorn Gustafsson
Michelle Harrison
Michael Kogan
Katherine Lines
Louise Lines
Glen Little
Lana Miles
Valentin Tudor Mocanu

Maciej Mordaka
Charlie Mott
Jerry Nicholas
Edson Portilho
Simon Powers
Aldo Rall
Frank Schophuizen
Al Shalloway
David Shapiro
Paul Sims
Kim Shinners
Jonathan Smart
Roly Stimson
Jim Trott
Klaas van Gend
Abhishek Vernal
Jaco Viljoen

Contenido

Para una óptima experiencia de aprendizaje de Disciplined Agile,
recomendamos usar el DA Browser como herramienta de apoyo
mientras lee este libro:
www.pmi.org/disciplined-agile/da-browser

Capítulo 1

¡Elección de su WoW!

El orgullo de un hombre puede ser su perdición, y necesita aprender a recurrir a los demás en busca de apoyo y orientación. –Bear Grylls

Puntos clave en este capítulo

- Los equipos de Disciplined Agile Delivery (DAD) eligen su forma de trabajar (WoW).
- Usted necesita "ser ágil" y saber cómo "hacer ágil"
- El desarrollo de software es complicado; no hay una respuesta fácil sobre cómo hacerlo.
- Disciplined Agile® (DA™) proporciona la estructura, un kit de herramientas de consejos agnósticos, para Choose your WoW™.
- Otras personas han enfrentado, y superado, desafíos similares a los suyos. DA le permite aprovechar lo que aprendieron.
- Puede usar este libro para guiar cómo elegir inicialmente su WoW y luego evolucionar con el tiempo.
- El verdadero objetivo es lograr efectivamente los resultados deseados de la organización, no ser/hacer ágil.
- Mejores decisiones conducen a mejores resultados.

Bienvenido a *Elija su WoW*, el libro sobre cómo los equipos de desarrollo de software ágil, o más precisamente los equipos de entrega de soluciones ágiles/lean, pueden elegir su WoW. Este capítulo describe algunos conceptos fundamentales sobre por qué elegir su WoW es importante, estrategias fundamentales sobre cómo hacerlo y cómo este libro puede ayudarle a ser efectivo con relación al mismo.

¿Por qué deberían los equipos elegir su WoW?

A los equipos ágiles se les dice comúnmente que sean dueños de su proceso, que elijan su WoW. Este es un muy buen consejo por varias razones:

- **El contexto importa.** Las personas y los equipos trabajarán de manera diferente dependiendo del contexto de su situación. Cada persona es única, cada equipo es único, y cada equipo se encuentra en una situación única. Un equipo de cinco personas trabajará de manera diferente que un equipo de 20 o uno de 50. Un equipo en una situación regulatoria crítica para la vida funcionará de manera diferente a un equipo en una situación no regulatoria. Nuestro equipo trabajará de manera diferente que su equipo porque somos personas diferentes con nuestros propios conjuntos de habilidades, preferencias y antecedentes únicos.
- **Elegir es bueno.** Para ser efectivo, un equipo debe poder elegir las prácticas y estrategias para abordar la situación que enfrentan. Esto implica que necesitan saber cuáles son estas opciones, cuáles son los pro y contra de cada una y cuándo (o cuándo no) aplicar cada una. En otras palabras, necesitan tener una amplia experiencia en el proceso de software, algo que pocas personas tienen, o tener una buena guía para ayudarlos a tomar estas decisiones relacionadas con el proceso. Afortunadamente, este libro es una muy buena guía.
- **Deberíamos optimizar el flujo.** Queremos ser efectivos en la forma en que trabajamos, e idealmente para deleitar a nuestros clientes/interesados al hacerlo. Para lograrlo, necesitamos optimizar el flujo de trabajo dentro de nuestro equipo y acerca de cómo colaboramos con otros equipos en toda la organización.
- **Queremos ser fabulosos.** ¿Quién no querría ser fabuloso en lo que hace? ¿Quién no querría trabajar en un equipo fabuloso o para una organización fabulosa? Una parte significativa de ser fabuloso es permitir a los equipos elegir su WoW y permitirles experimentar constantemente para identificar mejores formas de trabajar.

En resumen, creemos que es hora de recuperar la agilidad. Martin Fowler acuñó recientemente el término "complejo industrial ágil" para referirse a la observación de que muchos equipos están siguiendo una estrategia "ágil falsa", a veces llamada "ágil solo de nombre" (AINO). Este a menudo es el resultado cuando las organizaciones adoptan un marco de referencia prescriptivo, como el Marco de referencia de Agilidad a Escala (SAFe®) [SAFe], y luego obligan a los equipos a adoptarlo independientemente de si realmente tiene sentido hacerlo (y rara vez lo tiene), u obliguen a los equipos a seguir una aplicación estándar organizacional de Scrum [ScrumGuide; SchwaberBeedle]. Sin embargo, el ágil canónico es muy claro; se basa en personas e interacciones sobre procesos y herramientas; se debe permitir a los equipos, y mejor aun, con el debido soporte, elegir y luego evolucionar su WoW.

Usted necesita "ser ágil" *y* saber cómo "hacer ágil"

La hija de Scott, Olivia, tiene 11 años. Ella y sus amigos son algunas de las personas más ágiles que hemos conocido. Son respetuosos (tanto como los niños de 11 años puedan serlo), tienen una mente abierta, son colaborativos, están ansiosos por aprender y siempre están experimentando. Claramente adoptan una mentalidad ágil; sin embargo, si les pidiéramos que desarrollaran software, sería un desastre. ¿Por qué? Porque no tienen las habilidades. Del mismo modo, sería un desastre pedirles que negociaran un contrato multimillonario, que desarrollaran una estrategia de marketing para un nuevo producto, que lideraran un flujo de valor de 4.000 personas, etc. Podrían adquirir estas habilidades con el tiempo, pero en este momento simplemente no saben lo que están haciendo a pesar de que son muy ágiles. También hemos visto equipos formados por millenials que colaboran de forma muy natural y tienen las habilidades para realizar sus trabajos, aunque tal vez aún no tienen la experiencia suficiente para comprender las implicaciones de tipo empresarial de su trabajo. Y, por supuesto, hemos visto equipos de personas con décadas de experiencia pero con muy poca experiencia haciéndolo en forma colaborativa. Ninguna de estas situaciones es ideal. Nuestro punto es que es absolutamente esencial tener una mentalidad ágil, "ser ágil", pero también es indispensable tener las habilidades necesarias para "hacer ágil" y la experiencia para "hacer ágil a la empresa". Un aspecto importante de este libro es que aborda de manera integral las habilidades potenciales requeridas por los equipos ágiles/lean para tener éxito.

El verdadero objetivo es lograr efectivamente los resultados organizacionales deseados, no ser/hacer ágil. ¿De qué sirve trabajar de manera ágil si se está produciendo algo incorrecto, o produciendo algo que ya se tiene, o se está produciendo algo que no encaja en la orientación general de su organización? Nuestro verdadero enfoque debe estar en lograr los resultados que harán que nuestra organización tenga éxito, y ser más eficaces en nuestro WoW nos ayudará a hacerlo.

Aceptemos que no hay una respuesta fácil

Lo que hacemos como profesionales es un reto, de lo contrario la automatización ya nos habría hecho quedar sin trabajo. Usted y su equipo trabajan dentro del contexto de su organización, utilizando un conjunto de tecnologías que están evolucionando y para una amplia variedad de necesidades comerciales. Y está trabajando con personas con diferentes antecedentes, diferentes preferencias, diferentes experiencias, diferentes objetivos profesionales, y que pueden reportar a un grupo diferente o incluso a una organización diferente a la suya.

Creemos en adoptar esta complejidad porque es la única manera de ser eficaces, y mejor aún, de ser fabulosos. Cuando minimizamos o incluso ignoramos aspectos importantes de nuestro WoW, por ejemplo, la arquitectura, tendemos a cometer penosos errores en esa área. Cuando denigramos aspectos de nuestro WoW, como la gobernanza, tal vez porque hemos tenido malas experiencias en el pasado con una gobernanza no tan ágil, entonces nos arriesgamos a que las personas fuera de nuestro equipo asuman la responsabilidad de ese aspecto y nos impongan sus prácticas no ágiles. De esta manera, en lugar de facilitar nuestra agilidad, actúan como impedimentos.

Podemos beneficiarnos de los aprendizajes de los demás

Un error común que cometen los equipos es que creen que solo porque se enfrentan a una situación única, necesitan resolver su WoW desde cero. Nada podría estar más lejos de la verdad. Cuando usted aborda y desarrolla una nueva aplicación, ¿desarrolla un nuevo lenguaje, un nuevo compilador, nuevas bibliotecas de código, etc., desde cero? Por supuesto que no, usted adopta los elementos existentes disponibles, los combina de una manera única, y luego los modifica según sea necesario. Los equipos de desarrollo, independientemente de la tecnología, utilizan marcos de referencia y bibliotecas comprobadas para mejorar la productividad y la calidad. Debería ser lo mismo con el proceso. Como puede ver en este libro, hay cientos, si no miles, de prácticas y estrategias que han sido probadas en la práctica por miles de equipos antes que el suyo. No es necesario comenzar desde cero; usted puede desarrollar su propio WoW combinando las prácticas y estrategias existentes para luego modificarlas adecuadamente a fin de abordar la situación en cuestión. DA proporciona el kit de herramientas para guiarlo a través de esto de una manera simplificada y accesible. Desde nuestro primer libro sobre DAD [AmblerLines2012], hemos recibido comentarios de que si bien se percibe como una colección extremadamente rica de estrategias y prácticas, los profesionales a veces tienen dificultad para comprender cómo hacer referencia a las estrategias y aplicarlas. Uno de los objetivos de este libro es hacer que DAD sea más accesible con el fin de que usted pueda encontrar fácilmente lo que necesita para personalizar su WoW.

Algo que notará a lo largo del libro es que proporcionamos muchas referencias. Lo hacemos por tres razones: En primer lugar, hay que dar crédito a quien lo merece. En segundo lugar, para que sepa dónde puede ir para obtener más detalles. En tercer lugar, para permitirnos centrarnos en resumir las diversas ideas y ponerlas en contexto, en lugar de entrar en los detalles de cada una de ellas. Nuestro enfoque para las referencias es utilizar el formato: [NombreSignificativo], donde hay una entrada correspondiente en las referencias al final del libro.

El conocimiento de DA lo convierte en un miembro del equipo mucho más valioso

Hemos escuchado de muchas organizaciones que usan DA –y que nos permiten citarlas– en las que los miembros del equipo que han invertido en aprender DA (y lo demuestran a través de exigentes certificaciones) se convierten en contribuyentes más valiosos. La razón, para nosotros, es bastante clara. Al entender una mayor biblioteca de estrategias probadas, los equipos tomarán mejores decisiones y "fallarán rápido" menos, y más bien "aprenderán y tendrán éxito antes". La falta de autoconciencia colectiva de las opciones disponibles es una causa común de equipos que luchan por cumplir con sus expectativas de agilidad, y eso es exactamente lo que sucede cuando usted adopta métodos/marcos de referencia prescriptivos que no le brindan opciones. Se espera que cada miembro del equipo, especialmente los consultores, aporten un conjunto de ideas para personalizar el proceso del equipo como parte de la auto-organización. Un kit de herramientas más grande y una terminología comúnmente entendida es algo bueno.

El kit de herramientas de Disciplined Agile (DA) proporciona una guía accesible

Algo que hemos aprendido con el tiempo es que, si bien entienden los conceptos de DA al leer los libros o asistir a un taller, algunas personas tienen problemas con la forma de aplicarla. DA es un cuerpo de conocimientos extremadamente rico que se presenta de forma accesible.

La buena noticia es que el contenido de este libro está organizado por metas, y que al usar el enfoque basado en los mismos, es fácil encontrar la orientación que se necesita para la situación en cuestión. Así es como puede aplicar este kit de herramientas en su trabajo diario para ser más eficaz en el logro de los resultados deseados:

- Referencia contextualizada de procesos
- Mejora continua guiada (GCI)
- Talleres de adaptación de procesos
- Retrospectivas mejoradas
- Coaching mejorado

Referencia Contextualizada de Procesos

Como describimos anteriormente, este libro está destinado a ser una referencia. Le resultará útil mantener este libro cerca para hacer referencia rápidamente a las estrategias disponibles cuando se enfrente a desafíos particulares. Este libro le presenta las opciones del proceso y, lo que es más importante, pone esas opciones en contexto. Para ello, DA ofrece tres niveles de estructura:

1. **Ciclos de vida** En el nivel más alto de la orientación de WoW están los ciclos de vida, que son lo más parecido a una metodología a lo que llega DAD. DAD apoya seis ciclos de vida diferentes, como se puede ver en el Gráfico 1.1, para proporcionar a los equipos la flexibilidad de elegir un enfoque que tenga más sentido para ellos. El Capítulo 6 explora los ciclos de vida, y cómo elegir entre ellos, con mayor detalle. También describe cómo los equipos pueden ser gobernados de manera consistente a pesar de que estén trabajando de diferentes maneras.

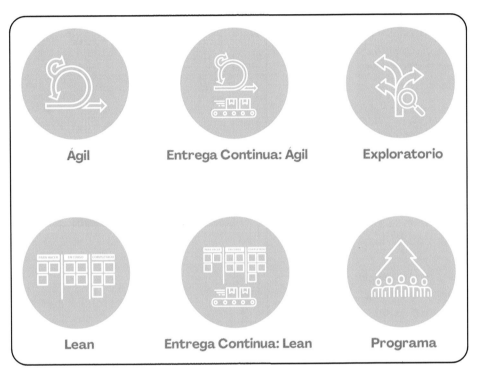

Gráfico 1.1 Los Ciclos de Vida de DAD.

2. **Metas del proceso.** El Gráfico 1.2 presenta el diagrama de metas para la meta del proceso *Mejorar la calidad*, y el Gráfico 1.3 resume la notación de los diagramas de metas. DAD está descrito como una colección de 24 metas del proceso, o resultados del proceso. Cada meta se describe como una colección de puntos de decisión, incidentes que su equipo necesita determinar si necesitan abordarlos y, de ser así, cómo lo harán. Las posibles prácticas/estrategias para abordar un punto de decisión, que en muchos casos pueden combinarse, se presentan como listas. Conceptualmente, los diagramas de metas son similares a los mapas mentales, si bien la extensión de la flecha representa la efectividad relativa de las opciones en algunos casos. Los diagramas de metas son, en efecto, guías sencillas para ayudar a un equipo a elegir las mejores estrategias que son capaces de realizar en este momento según sus habilidades, cultura y situación. El Capítulo 5 explora con mayor detalle el enfoque impulsado por metas.

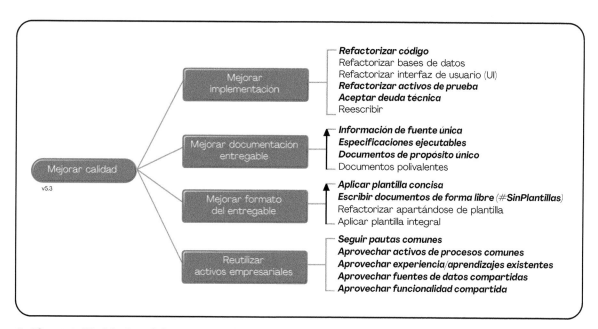

Gráfico 1.2 El objetivo del proceso *Mejorar la calidad*.

3. **Prácticas/estrategias.** En el nivel más granular de la orientación de WoW se encuentran las prácticas y estrategias, representadas en los diagramas de metas en las listas del lado derecho. Una implicación importante de los diagramas de metas, como el del Gráfico 1.2, es que se necesita menos pericia en procesos para identificar posibles prácticas/estrategias a probar. Lo que necesita es una comprensión de los fundamentos de DA, que están descritos en este libro, y familiaridad con los diagramas de metas para que pueda ubicar rápidamente las opciones potenciales. No es necesario memorizar todas las opciones disponibles porque las puede buscar, y no es necesario tener un conocimiento profundo de cada opción porque están resumidas y puestas en contexto en el Navegador de Disciplined Agile [DABrowser]. El Gráfico 1.4 muestra un ejemplo tal. En este caso, se puede ver parte de la información que describe los puntos de decisión de Mejorar la implementación de la meta del proceso *Mejorar la calidad*. Usted puede ver una descripción del punto de decisión más las dos primeras opciones (en la herramienta se desplazaría hacia abajo para ver el resto de las opciones).

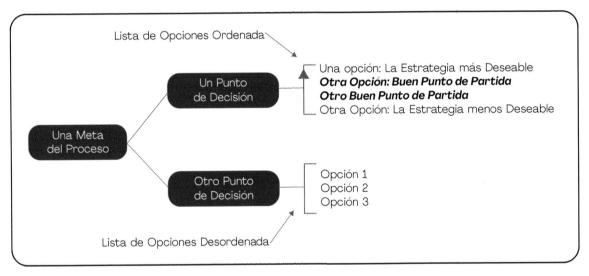

Gráfico 1.3 Notación del diagrama de metas.

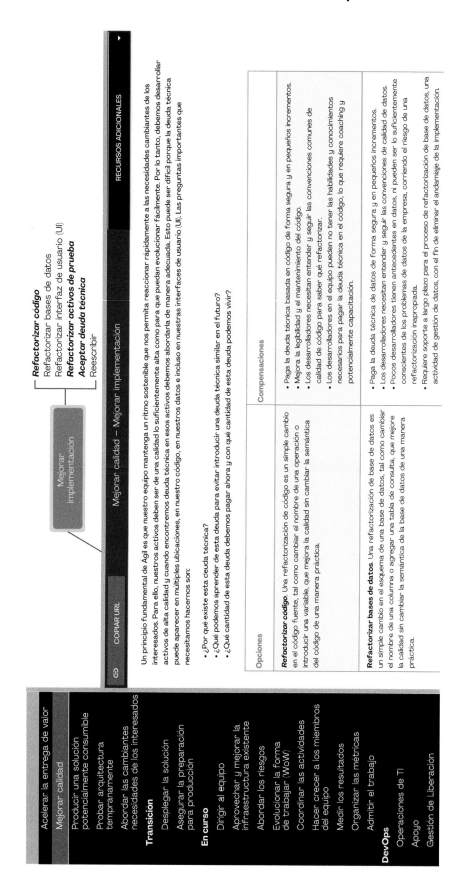

Gráfico 1.4 Detalles técnicos capturados en el navegador de DA.

La mejora ocurre en muchos niveles

La mejora de procesos, o evolución del WoW, se produce en toda su organización. Las organizaciones son una colección de equipos y grupos que interactúan, cada uno de los cuales evoluciona continuamente. A medida que los equipos evolucionan sus WoW, motivan cambios en los equipos con los que interactúan. Debido a esta constante evolución del proceso (esperamos que para mejor), y a que las personas son únicas, resulta imprevisible saber cómo van a trabajar juntas o cuáles serán los resultados de ese trabajo. En resumen, su organización es un sistema adaptativo complejo (CAS) [Cynefin]. Este concepto se resume en el Gráfico 1.5, que representa equipos, áreas de organización (como divisiones, líneas de negocio o flujos de valor) y equipos empresariales. El Gráfico 1.5 es una simplificación porque el diagrama ya es lo suficientemente complicado —hay muchas más interacciones entre equipos y a través de los límites de la organización, y en las grandes empresas, un área organizacional puede tener sus propios grupos de "empresas", como la arquitectura empresarial o las finanzas.

Hay varias implicaciones interesantes para elegir su WoW:

1. **Cada equipo tendrá un WoW diferente.** No nos cansaremos de repetir esto.
2. **Haremos evolucionar nuestro WoW para reflejar los aprendizajes cada vez que trabajemos con otros equipos.** No solo logramos cualquier resultado que nos propongamos lograr al trabajar con otro equipo, sino que muy a menudo aprendemos nuevas técnicas de ellos o nuevas formas de colaborar con ellos (que pueden haber aprendido al trabajar con otros equipos).

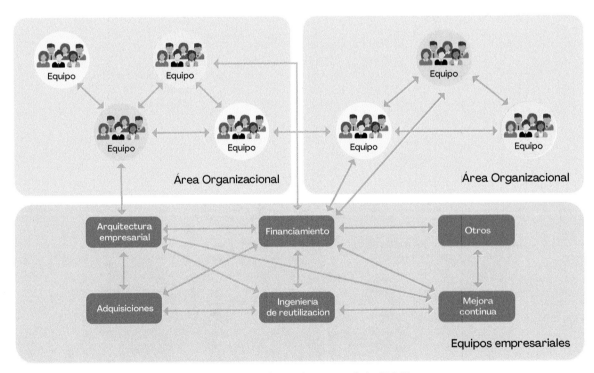

Gráfico 1.5   Su organización es un sistema adaptativo complejo (CAS).

3. **Podemos elegir intencionadamente aprender de otros equipos.** Hay muchas estrategias que podemos elegir por adoptar dentro de nuestra organización para compartir aprendizajes entre equipos, incluidas presentaciones de profesionales, comunidades de práctica (CoP)/gremios, coaching y muchas otras. Las estrategias a nivel de equipo son capturadas en el objetivo del proceso *Evolucionar el WoW* y las estrategias a nivel organizacional en la hoja del proceso *Mejora Continua*[1] [ContinuousImprovement]. En resumen, el kit de herramientas de DA es un recurso generativo que se puede aplicar en la elección agnóstica de su WoW.

4. **Podemos beneficiarnos de los esfuerzos de transformación/mejora organizacionales.** La mejora puede, y debería, ocurrir a nivel de equipo. También puede ocurrir a nivel del área organizacional (p.ej., podemos trabajar para optimizar el flujo entre los equipos dentro de un área). La mejora también debe ocurrir fuera de los equipos de DAD (por ejemplo, podemos ayudar a los grupos de arquitectura empresarial, finanzas y gestión de personas a colaborar con el resto de la organización de una manera más efectiva).

Como se muestra en el Gráfico 1.6, el kit de herramientas de DA está organizado en cuatro capas:

1. **Fundamento.** La capa de fundamentos proporciona los pilares conceptuales del kit de herramientas DA.

2. **DevOps Disciplinado.** DevOps es la simplificación del desarrollo de soluciones y operaciones, y DevOps Disciplinado es un enfoque de clase empresarial para DevOps. Esta capa incluye Disciplined Agile Delivery (DAD), que es el énfasis de este libro, además de otros aspectos empresariales de DevOps.

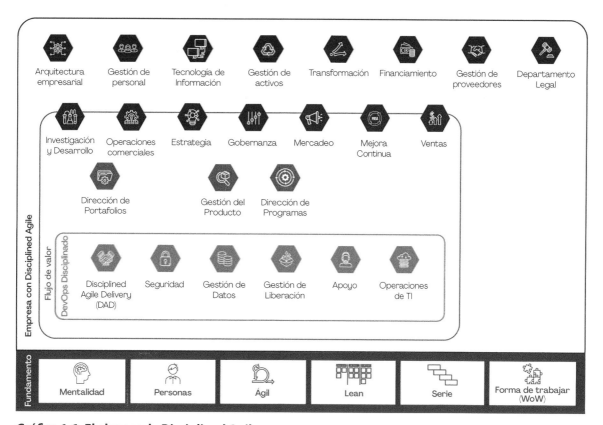

Gráfico 1.6 El alcance de Disciplined Agile.

---

[1] Una hoja de proceso aborda un área de proceso cohesiva, como la gestión de activos, las finanzas o la seguridad.

3. **Flujo de Valor.** La capa de flujo de valor se basa en FLEX de Al Shalloway, ahora denominada DA FLEX. No basta con ser innovador en ideas si estas ideas no se pueden materializar en el mercado o en la empresa. DA FLEX es el pegamento que une las estrategias de una organización, ya que permite visualizar cómo es un flujo de valor eficaz, lo que le permite tomar decisiones para mejorar cada parte de la organización en el contexto del conjunto.
4. **Empresa con Disciplined Agile (DAE).** La capa DAE se centra en el resto de las actividades empresariales que respaldan los flujos de valor de su organización.

Los equipos, independientemente del nivel al que operen, pueden y deberían elegir su WoW. Nuestro enfoque en este libro es sobre los equipos de DAD, aunque a veces profundizaremos en incidentes organizacionales y entre equipos cuando resulte apropiado.

Mejora Continua Guiada (GCI)

Muchos equipos comienzan su viaje ágil adoptando métodos ágiles como Scrum [ScrumGuide; SchwaberBeedle], eXtreme Programming (XP) [Beck] o Método de Desarrollo de Sistemas Dinámicos (DSDM)-Atern [DSDM]. Los grandes equipos que se ocupan de la "escala" (discutiremos qué significa realmente el escalamiento en el Capítulo 2) pueden optar por adoptar SAFe® [SAFe], LeSS [LeSS] o Nexus® [Nexus], por nombrar algunos. Cada uno de estos métodos/marcos de referencia aborda una clase específica de problemas que enfrentan los equipos ágiles, y desde nuestro punto de vista, son bastante prescriptivos en el sentido de que no brindan muchas opciones. A veces, particularmente cuando los marcos de referencia se aplican a contextos a los que no se ajustan de modo ideal, los equipos a menudo encuentran que necesitan invertir un tiempo significativo "des-escalándolos" para eliminar las técnicas que no se aplican a su situación y luego agregar otras técnicas que sí lo hacen. Dicho esto, cuando los marcos de referencia se aplican en el contexto apropiado, en la práctica pueden funcionar bastante bien. Cuando adopta con éxito uno de estos métodos/marcos de referencia prescriptivos, la efectividad de su equipo tiende a seguir la curva que se muestra en el Gráfico 1.7. Al principio, hay una disminución en la efectividad porque el equipo está aprendiendo una nueva forma de trabajar, está invirtiendo tiempo en la capacitación y las personas a menudo están aprendiendo nuevas técnicas. Con el tiempo, la efectividad aumenta, superando la que era originalmente, pero eventualmente se estabiliza a medida que el equipo encaja en su nuevo WoW. Las cosas han mejorado, pero sin un esfuerzo concertado para progresar, se descubre que la efectividad del equipo se estanca.

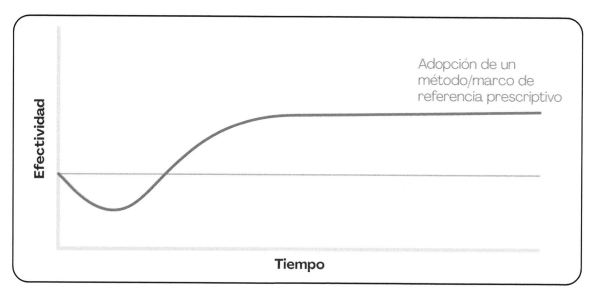

Gráfico 1.7 Efectividad del equipo al adoptar un método o marco de referencia ágil.

Algunos de los comentarios que recibimos sobre el Gráfico 1.7 se refieren a que esto no puede ser, que Scrum promete que puedes hacer el doble de trabajo en la mitad del tiempo [Sutherland]. Desafortunadamente, esta afirmación de que la productividad se multiplica por 4 no parece ser sustentable en la práctica. Un estudio reciente que abarcaba 155 organizaciones, 1500 equipos en cascada y 1.500 equipos ágiles descubrió que el aumento real de la productividad de los equipos ágiles, en su mayoría siguiendo Scrum, estaba más cerca del 7 al 12 % [Reifer]. A escala, cuando la mayoría de las organizaciones han adoptado SAFe, la mejora desciende a entre 3 a 5 %.

Hay muchas maneras que un equipo puede adoptar para ayudarlos a mejorar su WoW, estrategias que son capturadas por el objetivo del proceso *Evolucionar el WoW*. Muchas personas recomiendan un enfoque experimental para la mejora, y hemos encontrado que los experimentos guiados son aún más eficaces. La comunidad ágil proporciona muchos consejos sobre las retrospectivas, que son sesiones de trabajo en las que un equipo reflexiona sobre cómo mejorar, y la comunidad lean da excelentes consejos sobre cómo actuar sobre las reflexiones [Kerth]. El Gráfico 1.8 resume el bucle de mejora planificar-hacer-estudiar-actuar (PDSA) de W. Edward Deming [Deming], a veces llamado bucle kaizen. Este fue el primer enfoque de Deming para la mejora continua, que más tarde evolucionó a planificar-hacer-verificar-actuar (PHVA), que se hizo popular entre la comunidad empresarial en la década de 1990 y la comunidad ágil a principios de la década de 2000. Pero lo que muchos no saben es que después de experimentar con PDCA durante varios años, Deming se dio cuenta de que no era tan eficaz como PHVA y regreso a este último. La principal diferencia es que la actividad de "estudiar" motivó a las personas a medir y pensar más profundamente sobre si un cambio les funcionó bien en la práctica. Así que hemos decidido respetar los deseos de Deming y recomendar el PDSA en lugar del PHVA, ya que hemos comprobado que un pensamiento crítico como éste da lugar a mejoras que se conservan. Algunas personas gravitan hacia el bucle OODA (Observar, Orientar, Decidir, Actuar) del Coronel de la Fuerza Aérea de los EE. UU. John Boyd para guiar sus esfuerzos de mejora continua —como siempre, nuestro consejo es hacer lo que funcione para usted [Coram]. Independientemente del bucle de mejora que adopte, recuerde que su equipo puede, y tal vez debería, ejecutar múltiples experimentos en paralelo, sobre todo cuando las mejoras potenciales están en diferentes áreas de su proceso y, por lo tanto, no se afectarán entre sí (si se afectan entre sí, se dificulta la determinación de la efectividad de cada experimento).

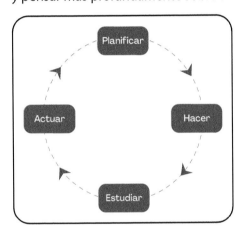

Gráfico 1.8 El bucle de mejora continua PDSA.

La idea básica con la estrategia de bucle de mejora continua PDSA/PHVA/OODA es que usted mejore su WoW como una serie de pequeños cambios, una estrategia que la comunidad lean denomina kaizen, que significa mejorar en japonés . En el Gráfico 1.9, se puede ver el flujo de trabajo para ejecutar un experimento. El primer paso es identificar una mejora potencial, como una nueva práctica o estrategia, con la que desee experimentar para ver qué tan bien funciona para usted en el contexto de su situación. La efectividad de una mejora potencial se determina midiendo contra resultados claros, tal vez identificados a través de meta-pregunta-métrica (GQM) [GQM] u objetivos y resultados clave (OKR) [Doer]. Medir la efectividad de aplicar el nuevo WoW es un ejemplo de aprendizaje validado [Ries]. Es importante señalar que el Gráfico 1.9 proporciona una descripción detallada de una sola pasada a través del bucle de mejora continua de un equipo.

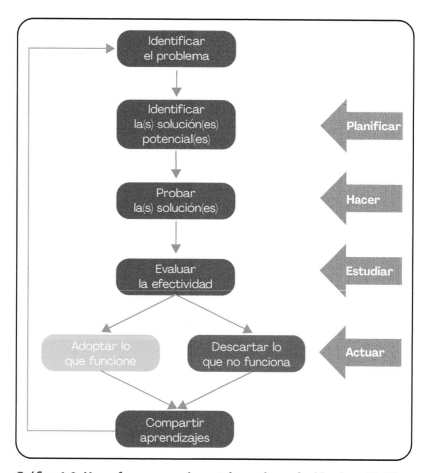

Gráfico 1.9 Un enfoque experimental para la evolución de su WoW.

El valor de DA es que puede guiarlo a través de este paso de identificación al ayudarle a identificar agnósticamente una nueva práctica/estrategia que es probable que aborde el desafío que espera enfrentar. Al hacerlo, aumenta su probabilidad de identificar una mejora potencial que funcione para usted, acelerando así sus esfuerzos para mejorar su WoW —a esto le llamamos mejora continua guiada (GCI). En resumen, en este nivel, el kit de herramientas de DA le permite convertirse más rápido en un equipo de alto rendimiento. En el libro original de DAD, describimos una estrategia llamada "mejora medida" que funcionaba de una manera muy similar.

Una estrategia similar que hemos encontrado muy efectiva en la práctica es Cambio «Lean»[2] [LeanChange1; LeanChange2], particularmente a nivel organizacional. El ciclo de gestión de Cambio «Lean», que se resume en el Gráfico 1.10, aplica ideas de Inicio LEAN [Ries] en el sentido de que usted tiene percepciones (hipótesis), identifica opciones potenciales para abordar sus percepciones y luego ejecuta experimentos en forma de cambios mínimos viables (MVC). Estos MVC se introducen, se dejan funcionar durante un tiempo y luego se miden los resultados para determinar qué tan efectivos son en la práctica. Los equipos pueden optar por seguir con los cambios que funcionen bien para ellos en la situación que enfrentan, y abandonar los cambios que no funcionen bien. Mientras que la GCI permite a los equipos alcanzar un alto rendimiento, el Cambio «Lean» permite a las organizaciones alcanzar un alto rendimiento.

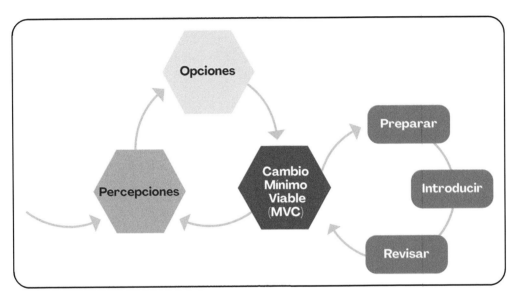

Gráfico 1.10 El ciclo de gestión de Cambio «Lean».

La curva de mejora para las estrategias de mejora continua (no guiadas) se muestra en el Gráfico 1.11 como una línea punteada. Se puede ver que al principio todavía hay un poco de caída de la productividad a medida que los equipos aprenden a identificar los MVC y luego ejecutan los experimentos, pero este es pequeño y de corta duración. La línea completa muestra la curva para la GCI en contexto; los equipos tienen más probabilidades de identificar opciones que funcionen para ellos, lo que resulta en una mayor tasa de experimentos positivos y, por lo tanto, una tasa más rápida de mejora. En resumen, las mejores decisiones conducen a mejores resultados.

---

[2] En el proceso de transformación de DA, PMI.org/disciplined-agile/process/transformation, mostramos cómo aplicar el Cambio «Lean» a nivel organizacional.

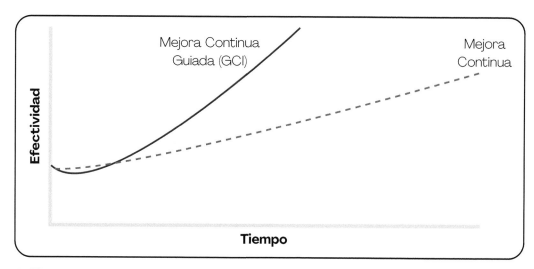

Gráfico 1.11 La mejora continua guiada (GCI) permite a los equipos progresar más rápido.

Por supuesto, ninguna de las líneas del Gráfico 1.11 es perfectamente lisa. Un equipo tendrá altibajos, con algunos experimentos fallidos (bajos) donde aprenden lo que no funciona en su situación, y algunas experiencias exitosas (altos) donde descubren una técnica que mejora su efectividad como equipo. La línea completa, que representa GCI, será más lisa que la línea punteada porque los equipos tendrán un mayor porcentaje de alzas.

La buena noticia es que estas dos estrategias, adoptando un método/marco de referencia prescriptivo y luego mejorando su WoW a través de GCI, pueden ser combinadas, como se muestra en el Gráfico 1.12. Constantemente nos encontramos con equipos que han adoptado un método ágil prescriptivo, muy a menudo Scrum o SAFe, que se han estancado porque se han topado con uno o más incidentes que no son abordados directamente por su marco de referencia/método elegido. Debido a que el método no aborda el (los) problema(s) que enfrenta(n), y debido a que no tienen experiencia en esa área, tienden a fracasar. Ivar Jacobson ha acuñado el término "están atrapados en la prisión del método" [Prison]. Al aplicar una estrategia de mejora continua, o mejor aún, GCI, sus esfuerzos de mejora de procesos pronto vuelven a la normalidad. Además, debido a que la situación de negocio subyacente a la que usted se enfrenta está cambiando constantemente, usted no puede "dormirse en los laureles" en relación a los procesos, sino que debe ajustar su WoW para reflejar la situación en evolución.

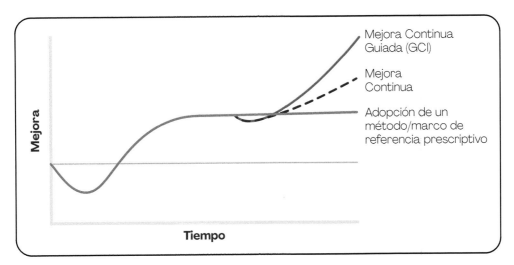

Gráfico 1.12 Mejora de un método/marco de referencia ágil existente.

Para ser claros, la GCI a nivel de equipo tiende a ser una versión simplificada de lo que se haría a nivel organizacional. A nivel de equipo, los equipos pueden optar por mantener una lista de trabajo pendiente de las cosas que esperan mejorar. A nivel organizacional o empresarial, podemos tener un grupo de personas que guían un gran esfuerzo de transformación o mejora que se centra en permitir a los equipos elegir sus WoW y abordar incidentes organizacionales de mayor tamaño que los equipos no pueden abordar fácilmente por su cuenta.

Talleres de Adaptación de Procesos

Otra estrategia común para aplicar DA con el fin de elegir su WoW es un taller de adaptación de procesos [Adaptación]. En un taller de adaptación de procesos, un entrenador o líder de equipo orienta al equipo a través de aspectos importantes de DAD y el equipo discute cómo van a trabajar juntos. Esto generalmente incluye elegir un ciclo de vida, recorrer las metas del proceso una a la vez y abordar los puntos de decisión de cada una, y discutir los roles y las responsabilidades.

Se puede realizar un taller de adaptación de procesos, o varios talleres de corta duración, en cualquier momento. Como se muestra en el Gráfico 1.13, generalmente se realizan cuando se forma inicialmente un equipo, para determinar cómo agilizarán sus esfuerzos de iniciación (lo que llamamos la fase de Inicio), y justo antes de que la Construcción comience a acordar cómo se abordará ese esfuerzo. Cualquier decisión de proceso tomada en los talleres de adaptación de procesos no está tallada en piedra, sino que evoluciona con el tiempo a medida que el equipo aprende. Siempre se desea aprender y mejorar el proceso a medida que se avanza, y de hecho, la mayoría de los equipos ágiles reflexionarán regularmente sobre cómo hacerlo a través de la celebración de retrospectivas. En resumen, el propósito de los talleres de adaptación de procesos es llevar a su equipo en la dirección correcta, mientras que el propósito de las retrospectivas es identificar posibles ajustes a ese proceso.

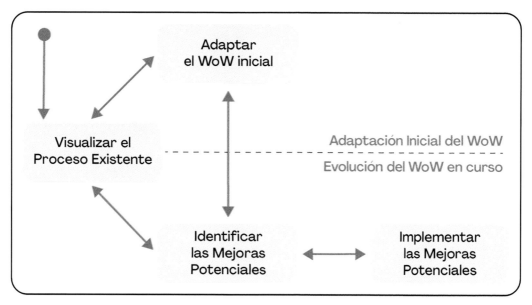

Gráfico 1.13 Elección y evolución de su WoW a lo largo del tiempo.

Una pregunta válida es: ¿Cómo es el enfoque para evolucionar el WoW dentro de un equipo? Jonathan Smart, quien guió la transformación en Barclays, recomienda Visualizar, Estabilizar y Optimizar el enfoque de Dan North como se muestra en el Gráfico 1.14. Usted comienza visualizando su WoW existente y luego identifica una nueva WoW potencial que el equipo cree que funcionará para ellos (de esto se trata la adaptación inicial). Luego, el equipo necesita aplicar esa nueva WoW y aprender a hacerla funcionar en su contexto. Esta fase de estabilización podría tomar varias semanas o meses, y una vez que el equipo ha estabilizado su WoW estará en condiciones de evolucionar a través de una estrategia de GCI

Visualizar	Estabilizar	Optimizar
• Explorar el WoW existente	• Aplicar su nuevo WoW	• Mejora continua guiada
• Identificar nuevo WoW	• Obtener capacitación y coaching	
	• Darse tiempo para aprender el nuevo WoW	

Gráfico 1.14 Un enfoque para la adaptación del proceso y la mejora en un equipo.

Talleres de Adaptación de Procesos en una Gran Institución Financiera

Por Daniel Gagnon

En mi experiencia en la ejecución de docenas de talleres de adaptación de procesos durante varios años, con equipos de todas las formas, tamaños y niveles de experiencia y en diferentes organizaciones [Gagnon], lo interesante resulta ser que el comentario más recurrente es que los talleres "revelaron todo tipo de opciones que ¡ni siquiera nos dábamos cuenta de que eran opciones!" Aunque casi siempre es un poco difícil de vender desde el principio, todavía tengo que trabajar con un equipo que es incapaz de captar y apreciar rápidamente el valor de estas actividades.

Estas son mis lecciones aprendidas:

1. Un líder de equipo, propietario de arquitectura o desarrollador sénior puede reemplazar a la mayoría de los desarrolladores en las etapas iniciales.
2. Las herramientas ayudan. Desarrollamos una hoja de cálculo sencilla para captar las opciones de WoW.
3. Los equipos pueden tomar decisiones inmediatas sobre WoW e identificar elecciones deseables futuras y más "maduras" que establecen como objetivos de mejora.
4. Definimos un pequeño puñado de opciones a nivel empresarial para promover la coherencia entre equipos, incluidas algunas opciones de "infraestructura como código".
5. Los equipos no tienen que partir desde cero, sino que pueden empezar con las elecciones realizadas por un equipo similar y adaptar a partir de ahí.

He aquí una nota importante sobre la determinación de la participación: En última instancia, los propios equipos son los mejores árbitros de quién debe asistir a las sesiones en diferentes etapas del avance. El apoyo será cada vez más fácil de obtener a medida que se hagan evidentes los beneficios de permitir a los equipos elegir su WoW.

Daniel Gagnon ha facilitado la adopción de Disciplined Agile en dos grandes instituciones financieras canadienses y ahora es un facilitador sénior de Ágil en Quebec.

La buena noticia es que con una facilitación efectiva, puede mantener optimizados los talleres de adaptación de procesos. Para ello, le sugerimos que:

- Programe varias sesiones cortas (es posible que no las necesite todas).
- Disponga de una agenda clara (establecer expectativas).
- Invite a todo el equipo (es el proceso de ellos).
- Tenga un facilitador experimentado (esto puede volverse polémico).
- Organice un espacio de trabajo flexible (esto permite la colaboración).

Es probable que un taller de adaptación de procesos aborde varios aspectos importantes que rodean nuestra forma de trabajar (WoW):

- Determinar los derechos y responsabilidades de los miembros del equipo, que se discuten en detalle en el Capítulo 4.
- ¿Cómo pretendemos organizar/estructurar el equipo?
- ¿Qué ciclo de vida seguirá el equipo? Para más información, consulte el Capítulo 6.
- ¿Qué prácticas/estrategias seguiremos?
- ¿Tenemos una definición de listo (DoR) [Rubin] y, si es así, cuál es?
- ¿Tenemos una definición de terminado (DoD) [Rubin] y, si es así, cuál es?
- ¿Qué herramientas utilizaremos?

Los talleres de adaptación de procesos requieren una inversión en tiempo, pero son una manera eficaz de garantizar que los miembros del equipo estén bien alineados sobre la forma en que pretenden trabajar juntos. Dicho esto, usted desea mantener estos talleres lo más simplificados posible, ya que pueden asumir fácilmente una vida propia —el objetivo es ir en la "dirección del proceso" correcta. Siempre se puede evolucionar su WoW más tarde, a medida que aprende lo que funciona y lo que no funciona para usted. Por último, aun debe involucrar a algunas personas con experiencia en la entrega ágil. DA proporciona un kit de herramientas sencillo para elegir y desarrollar su WoW, pero aún necesita las habilidades y conocimientos para aplicar este kit de herramientas de manera efectiva.

Si bien DA proporciona una biblioteca o un conjunto de herramientas de grandes ideas, en su organización tal vez se desee aplicar algunos límites al grado de auto-organización que sus equipos pueden aplicar. En DAD, recomendamos la auto-organización dentro de la gobernanza apropiada. Como tal, lo que hemos visto con las organizaciones que adoptan DA es que a veces ayudan a orientar las opciones para que los equipos se auto-organicen dentro de los "barandales" organizacionales comúnmente entendidos.

Mejorar las retrospectivas a través de opciones de mejora guiada

Una retrospectiva es una técnica que los equipos utilizan para reflexionar sobre su eficacia y, con suerte, identificar posibles mejoras del proceso con las cuales experimentar [Kerth]. Como es de suponer, DA puede utilizarse para ayudar a identificar mejoras que tendrían una buena oportunidad de funcionar para usted. Como ejemplo, tal vez esté teniendo una discusión sobre el exceso de requisitos debido a historias de usuarios y criterios de aceptación ambiguos. La observación puede ser que se necesitan modelos de requerimientos adicionales para aclarar los requisitos. Pero, ¿qué modelos elegir? Refiriéndose al objetivo del proceso Explore Scope, puede optar por crear un diagrama de dominio para aclarar las relaciones entre entidades, o tal vez un prototipo de interfaz de usuario (UI) de baja fidelidad para aclarar la experiencia del usuario (UX). Hemos observado que al usar DA como referencia, los equipos quedan expuestos a estrategias y prácticas de las que ni siquiera habían oído hablar antes.

Mejorar el coaching extendiendo el kit de herramientas de proceso del facilitador

DA es particularmente valioso para los coaches de Ágil. En primer lugar, una comprensión de DA significa que tiene un conjunto de estrategias más grande que puede utilizar para ayudar a resolver los problemas de su equipo. En segundo lugar, a menudo vemos que los coaches hacen referencia a DA para explicar que algunas de las cosas que los equipos o la propia organización ven como "mejores prácticas" son en realidad opciones muy pobres, y que hay mejores alternativas a considerar. En tercer lugar, los facilitadores utilizan DA para ayudar a llenar los vacíos en su propia experiencia y conocimiento.

Documentación de su WoW

Suspiro… nos gustaría poder decir que no es necesario documentar su WoW. Pero la realidad es que usted muy a menudo lo hace, y por una o más muy buenas razones:

1. **Regulaciones.** Su equipo trabaja en un entorno regulatorio en el que, por ley, debe capturar su proceso –su WoW– de alguna manera.
2. **Es demasiado complicado para recordarlo.** Existen muchas partes móviles en su WoW. Considere el diagrama de metas del Gráfico 1.2. Su equipo elegirá adoptar varias de las estrategias que se mencionan en él, y esa es solo una de las 24 metas. Como dijimos anteriormente, la entrega de soluciones es compleja. Hemos hecho todo lo posible en DA para reducir esta complejidad con el fin de ayudarlo a elegir su WoW, pero no podemos eliminarla por completo.
3. **Proporciona comodidad.** Muchas personas se sienten incómodas con la idea de no tener un "proceso definido" a seguir, particularmente cuando son nuevos en ese proceso. Les gusta tener algo a lo que referirse de vez en cuando para ayudar en su aprendizaje. A medida que adquieran más experiencia en el WoW del equipo, consultarán menos la documentación hasta que, finalmente, no la utilicen nunca.

Debido a que a pocas personas les gusta leer el material del proceso, le sugerimos que lo mantenga lo más sencillo posible. Siga las prácticas de documentación de ágil [AgileDocumentation], como mantenerla concisa y trabajar en estrecha colaboración con la audiencia (en este caso, el propio equipo) para garantizar que satisfaga sus necesidades reales. Aquí hay algunas opciones para reflejar su WoW:

- Utilice una hoja de cálculo sencilla para captar las opciones del diagrama de metas.
- Cree una visión general del proceso en tamaño A3 (una sola hoja).
- Ponga carteles en la pared.
- Refleje el proceso de forma concisa en un wiki.

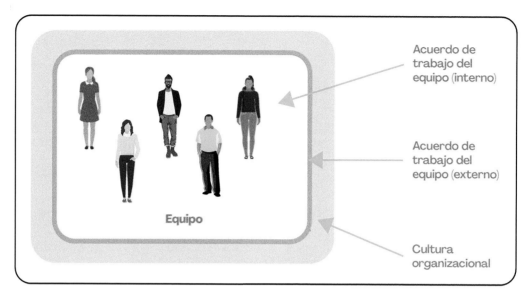

Gráfico 1.15 Acuerdos de trabajo del equipo.

Como mostramos en el objetivo del proceso *Evolucionar el WoW*, hay varias estrategias que se pueden elegir para captar su WoW. Un enfoque común es que un equipo desarrolle y se comprometa con un acuerdo de trabajo. Los acuerdos de trabajo describirán los roles y responsabilidades que las personas asumirán en el equipo, los derechos y responsabilidades generales de los miembros del equipo, y muy a menudo, el proceso del equipo (su WoW). Como se muestra en el Gráfico 1.15, nos gusta distinguir entre dos aspectos importantes de un acuerdo de trabajo en equipo —la parte interna que describe cómo trabajará el equipo en conjunto y la parte externa que describe cómo deben interactuar los demás con el mismo.

La parte externa del acuerdo de trabajo de un equipo, de alguna manera, es un acuerdo de nivel de servicio (SLA) para el equipo. Puede incluir un cronograma de reuniones comunes a las que otros puedan asistir (por ejemplo, reuniones de coordinación diarias y próximas demostraciones), una indicación de cómo acceder al tablero de control automatizado del equipo, cómo comunicarse con el equipo y cuál es el propósito del equipo. El acuerdo de trabajo del equipo, tanto los aspectos internos como externos del mismo, se verá, por supuesto, afectado por el entorno y la cultura de la organización en la que opera.

En Resumen

Hemos trabajado a través de varios conceptos críticos en este capítulo:

- Los equipos de Disciplined Agile (DA) eligen su forma de trabajar (WoW).
- Usted necesita "ser ágil" y saber cómo "hacer ágil".
- La entrega de soluciones es complicada; no hay una respuesta fácil sobre cómo hacerlo.
- DA proporciona la estructura agnóstica para prestar soporte a un equipo en la elección de su WoW con el fin de ofrecer soluciones basadas en software.
- Otras personas han enfrentado, y superado, desafíos similares a los suyos. DA le permite aprovechar lo que aprendieron.
- Puede usar este libro para guiar cómo elegir inicialmente su WoW y luego evolucionar con el tiempo.
- Un enfoque de mejora continua guiada (GCI) ayudará a sus equipos a salir de la "prisión del método" y, por lo tanto, a mejorar su efectividad.
- El verdadero objetivo es lograr efectivamente los resultados deseados de la organización, no ser/hacer ágil.
- Mejores decisiones conducen a mejores resultados.

Capítulo 2

Ser Disciplinado

Mejores decisiones conducen a mejores resultados.

Puntos clave en este capítulo

- El Manifiesto Ágil es un gran punto de partida, pero no es suficiente.
- Los principios Lean son críticos para el éxito de los equipos de entrega de soluciones ágiles en la empresa.
- La mentalidad DA se basa en ocho principios, siete promesas y ocho pautas.

¿Qué significa ser disciplinado? Ser disciplinado es hacer las cosas que sabemos que resultan buenas para nosotros, cosas que generalmente requieren trabajo duro y perseverancia. Se requiere disciplina para deleitar regularmente a nuestros clientes. Se necesita disciplina para que los equipos se vuelvan fabulosos. Se requiere disciplina para que los líderes se aseguren de que su gente tenga un entorno seguro para trabajar. Se necesita disciplina para reconocer que necesitamos adaptar nuestra forma de trabajar (WoW) al contexto que enfrentamos, y para evolucionar nuestro WoW a medida que lo hace la situación. Se requiere disciplina para reconocer que somos parte de una organización más grande, que debemos hacer lo que es mejor para la empresa y no solo lo que es conveniente para nosotros. Se necesita disciplina para evolucionar y optimizar nuestro flujo de trabajo general, y se requiere disciplina para darse cuenta de que tenemos muchas opciones con respecto a cómo trabajamos y nos organizamos, por lo que debemos elegir en consecuencia.

El Manifiesto para el Desarrollo Ágil de Software.

En 2001, la publicación del *Manifiesto para el Desarrollo Ágil de Software* [Manifesto], o Manifiesto Ágil para abreviar, inició el movimiento de Ágil. El manifiesto recoge cuatro valores respaldados por 12 principios, que se enumeran a continuación. Fue creado por un grupo de 17 personas con amplia experiencia en el desarrollo de software. Su objetivo era describir lo que habían encontrado que funcionaba en la práctica en lugar de describir lo que esperaban que funcionara en teoría. Aunque ahora suena como algo obvio de hacer, en ese entonces esto era posiblemente una desviación radical del enfoque adoptado por muchos líderes de pensamiento en la comunidad de ingeniería de software.

El *Manifiesto para el Desarrollo Ágil de Software*:
    Estamos descubriendo mejores maneras de desarrollar el software, haciéndolo y ayudando a otros a hacerlo. Mediante este trabajo hemos llegado a valorar:

1. **Individuos e interacciones** sobre procesos y herramientas
2. **Software que funcione** sobre documentación completa
3. **Colaboración con el cliente** sobre negociación del contrato
4. **Responder al cambio** sobre seguir un plan

    Es decir, mientras que hay valor en los elementos a la derecha, valoramos más los elementos a la izquierda.

Hay 12 principios respaldando el Manifiesto Ágil que proporcionan más orientación a los profesionales. Estos principios son:

1. Nuestra máxima prioridad es el satisfacer al cliente mediante la entrega temprana y continua de software con valor.
2. Los cambios a los requerimientos son bienvenidos, incluso en etapas avanzadas del desarrollo. Los procesos ágiles aprovechan el cambio para lograr la ventaja competitiva del cliente.
3. Entregar software funcional frecuentemente, desde un par de semanas a un par de meses, con preferencia por la escala de tiempo más corta.
4. El negocio y los desarrolladores deben trabajar en conjunto todos los días durante todo el proyecto.
5. Construir proyectos alrededor de individuos motivados. Darles el entorno y el apoyo que necesiten, y confiar en ellos para hacer el trabajo.
6. El método más eficiente y eficaz de transmitir información a un equipo de desarrollo, y dentro de él, es la conversación cara a cara.
7. El software que funciona es la medida principal del progreso.
8. Los procesos ágiles promueven el desarrollo sostenible. Los patrocinadores, desarrolladores y usuarios deberían poder mantener un ritmo constante en forma indefinida.
9. La atención continua a la excelencia técnica y el buen diseño mejora la agilidad.
10. La simplicidad –el arte de maximizar la cantidad de trabajo no realizado– es esencial.
11. Las mejores arquitecturas, requerimientos y diseños surgen de equipos auto-organizados.
12. A intervalos regulares, el equipo reflexiona sobre cómo ser más efectivo, para a continuación ajustar y perfeccionar su comportamiento en consecuencia.

La publicación del *Manifiesto para el Desarrollo Ágil de Software* ha demostrado ser un hito para el mundo del desarrollo de software y, como hemos visto en los últimos años, también para la comunidad empresarial. Pero el tiempo ha pasado factura, y el manifiesto está mostrando su edad en varios aspectos:

1. **Se limita al desarrollo de software.** El manifiesto se enfocó a propósito sobre el desarrollo de software, no en otros aspectos de TI y ciertamente no en otros aspectos de nuestra empresa en general. Muchos de los conceptos pueden modificarse para adaptarse a estos entornos, y lo han hecho a lo largo de los años. Por lo tanto, el manifiesto proporciona ideas valiosas que podemos hacer evolucionar, y debería ser desarrollado y extendido para un alcance más amplio de lo que se pretendía originalmente.
2. **El mundo del desarrollo de software ha avanzado.** El manifiesto fue elaborado para reflejar el entorno en la década de 1990 y algunos de los principios están desactualizados. Por ejemplo, el tercer principio sugiere que deberíamos entregar software desde cada pocas semanas hasta un par de meses. En ese momento, era un logro tener un incremento demostrable de una solución incluso cada mes. Sin embargo, en los tiempos modernos, el listón está fijado significativamente más arriba, con empresas ágiles expertas que entregan funcionalidad muchas veces al día, en parte porque el manifiesto nos ayudó a tomar un mejor camino.
3. **Hemos aprendido mucho desde entonces.** Mucho antes de ser Ágiles, las organizaciones estaban adoptando formas lean de pensar y trabajar. Desde 2001, las estrategias ágiles y lean no solo han prosperado por sí solas, sino que han sido mezcladas con éxito. Como pronto veremos, esta mezcla es un aspecto inherente de la mentalidad DA. DevOps, la fusión del desarrollo de software y los ciclos de vida de las operaciones de TI, ha evolucionado claramente gracias a esta mezcla. Hay pocas organizaciones que no hayan adoptado, o que al menos estén en proceso de adoptar, las formas de trabajo de DevOps, que el Capítulo 1 mostró como una parte integral del kit de herramientas de DA. Nuestro punto es que se trata de algo más que simplemente ágil.

Desarrollo Lean de software

La mentalidad DA se basa en una combinación de pensamiento ágil y lean. Un punto de partida importante para comprender el pensamiento lean es *The Lean Mindset* de Mary y Tom Poppendieck. En este libro muestran cómo los siete principios de la fabricación simplificada («lean») pueden aplicarse para optimizar todo el flujo de valor. Esto es muy valioso, pero también debemos recordar que la mayoría de nosotros no fabricamos automóviles, ni ninguna otra cosa. Existen varios tipos de trabajo en los que lean se aplica: fabricación, servicios, desarrollo de productos para el mundo físico y desarrollo de software (virtual), entre otros. Si bien nos gusta el trabajo innovador de los Poppendiecks, preferimos examinar los principios para ver cómo pueden aplicarse en cualquier lugar [Poppendieck]. Estos principios son:

1. **Eliminar el desperdicio.** Los defensores del pensamiento lean consideran que cualquier actividad que no añada directamente valor al producto terminado es un desperdicio [WomackJones]. Las tres mayores fuentes de desperdicio en nuestro trabajo son la adición de características no requeridas, la fluctuación en los requisitos del proyecto y traspasar los límites organizacionales (particularmente entre los interesados y los equipos de desarrollo). Para reducir el desperdicio, es fundamental que se permita a los equipos auto-organizarse y operar de una manera que refleje el trabajo que están tratando de realizar. En el trabajo de desarrollo de productos (el mundo físico o virtual), pasamos un tiempo considerable descubriendo lo que sea de valor. El hacerlo no es un desperdicio. Debido a esto hemos visto a muchas personas sostener debates interminables sobre lo que es el desperdicio. Proponemos que un desperdicio crítico a eliminar es la pérdida de tiempo debido a los retrasos en el flujo de trabajo. Al reflexionar, se puede verificar que la mayoría del desperdicio se refleja en, y es incluso causado por, retrasos en el flujo de trabajo. Incorporamos características no requeridas porque construimos lotes demasiado grandes y tenemos retrasos en la retroalimentación en cuanto a si son necesarias (o no estamos escribiendo nuestras pruebas de aceptación, lo que retrasa la comprensión de lo que necesitamos). La fluctuación en los requisitos del proyecto (en particular, los errores) casi siempre se debe a salirse de la sincronización sin darnos cuenta. Traspasar los límites de la organización es casi siempre una acción que incurre en retrasos mientras una parte de la organización espera a la otra.

2. **Incorporar calidad.** En principio, nuestro proceso no debería permitir que ocurran defectos, pero cuando esto no sea posible, deberíamos trabajar de tal manera que hagamos un poco de trabajo, lo validemos, corrijamos cualquier problema que encontremos y luego iteremos Inspeccionar después de que se presenten los hechos y poner en cola los defectos para ser corregidos en algún momento en el futuro no es tan efectivo. Las prácticas ágiles que integran la calidad en nuestro proceso incluyen el desarrollo guiado por pruebas (TDD) y las prácticas de desarrollo no individuales, como la programación en pares, la programación en grupo y el modelado con otros (modelado en grupo). Todas estas técnicas se describen más adelante en este libro.

3. **Crear conocimiento.** La planificación es útil, pero el aprendizaje es esencial. Queremos promover estrategias, tales como el trabajo iterativo, que ayuden a los equipos a descubrir lo que los interesados realmente quieren y actuar sobre ese conocimiento. También es importante que los miembros del equipo reflexionen periódicamente sobre lo que están haciendo y luego actúen para mejorar su enfoque a través de la experimentación.

4. **Aplazar el compromiso.** No es necesario comenzar el desarrollo de soluciones definiendo una especificación completa, y de hecho, parece ser una estrategia cuestionable en el mejor de los casos. Podemos apoyar al negocio de manera efectiva a través de arquitecturas flexibles que sean tolerantes al cambio y programando decisiones irreversibles para cuando tengamos más información y nuestras decisiones resulten mejores —el último momento posible. Con frecuencia, el aplazamiento del compromiso hasta el último momento responsable requiere la capacidad de vincular estrechamente los escenarios comerciales de extremo a extremo con las capacidades desarrolladas en múltiples aplicaciones por múltiples equipos. De hecho, una estrategia de diferir los compromisos con los proyectos es una forma de mantener nuestras opciones abiertas [Denning]. El software ofrece algunos mecanismos adicionales para diferir el compromiso. Mediante el diseño emergente, las pruebas automatizadas y el pensamiento basado en patrones, las decisiones esenciales a menudo se pueden diferir sin prácticamente ningún costo. En muchos sentidos, el desarrollo de software ágil se basa en el concepto de que la entrega incremental requiere poco tiempo adicional de implementación, al tiempo que permite a los desarrolladores ahorrar montones de esfuerzo que de otro modo estarían basados en la creación de características que no fueran útiles.

5. **Entregar rápidamente.** Es posible ofrecer soluciones de alta calidad rápidamente. Al limitar el trabajo de un equipo a lo que está dentro de su capacidad, podemos establecer un flujo de trabajo confiable y repetible. Una organización eficaz no exige que los equipos hagan más de lo que puedan hacer, sino que les pide que se auto-organicen y determinen qué resultados pueden lograr. Restringir los equipos a entregar soluciones potencialmente funcionales de forma periódica los motiva a mantenerse enfocados en agregar valor continuamente.

6. **Respetar a las personas.** Los Poppendiecks también observan que las personas involucradas y pensantes obtienen una ventaja sostenible. La implicación es que necesitamos un enfoque ágil de la gobernanza, que es el enfoque del objetivo del proceso *Dirigir al equipo* que se centra en motivar y capacitar a los equipos —no en controlarlos.

7. **Optimizar el todo.** Si queremos ser eficaces en la búsqueda de una solución, debemos examinar el panorama general. Necesitamos entender los procesos empresariales de alto nivel que un flujo de valor admite —procesos que a menudo pasan a través de múltiples sistemas y múltiples equipos. Necesitamos gestionar programas de esfuerzos interrelacionados para poder ofrecer un producto/servicio completo a nuestros interesados. Las métricas deben abordar qué tan bien estamos entregando valor comercial y el equipo debe centrarse en entregar resultados valiosos a sus interesados.

La mentalidad Disciplined Agile

La mentalidad Disciplined Agile se resume en el Gráfico 2.1 y es descrita como una colección de principios, promesas y pautas. Nos gusta decir que creemos en estos ocho principios, por lo que nos prometemos mutuamente que trabajaremos de manera disciplinada y seguiremos una colección de directrices que nos permitan ser efectivos.

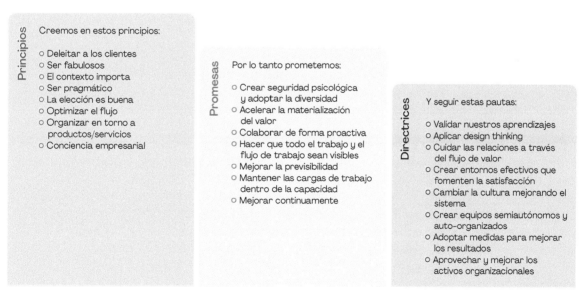

Gráfico 2.1 La mentalidad Disciplined Agile.

Creemos en estos principios

Comencemos con los ocho principios detrás del kit de herramientas de Disciplined Agile (DA). Estas ideas no son nuevas; hay una gran cantidad de fuentes de las que han surgido estas ideas, incluido el trabajo de Alistair Cockburn en torno a Heart of Agile [CockburnHeart], Modern Agile [Kerievsky] de Joshua Kerievsky y, por supuesto, el *Manifiesto para el Desarrollo Ágil de Software* descrito anteriormente. De hecho, el kit de herramientas DA siempre ha sido un híbrido de grandes estrategias desde el principio, con foco sobre cómo todas estas estrategias encajan juntas en la práctica. Si bien tenemos una fuerte creencia en un enfoque científico y en lo que funciona, somos agnósticos en cuanto a cómo llegar allí. La mentalidad DA empieza con ocho principios fundamentales:

- Deleitar a los clientes
- Ser fabuloso
- El contexto importa
- Ser pragmático
- La elección es buena
- Optimizar el flujo
- Organizar en torno a productos/servicios
- Concientización empresarial

Principio: Deleitar a los clientes

Los clientes están encantados cuando nuestros productos y servicios no solo satisfacen sus necesidades y expectativas, sino que los superan. Tenga en mente la última vez que se registró en un hotel. Si tuvo suerte, no había cola, su habitación estaba disponible y no había nada de malo cuando llegó allí. Probablemente estaba satisfecho con el servicio, pero eso es todo. Ahora imagine que el conserje lo saludó por su nombre cuando llegó, que su refrigerio favorito lo estaba esperando en la habitación y que recibió una mejora de cortesía a una habitación con una vista magnífica, todo sin pedirlo. Esto sería más que satisfactorio y muy probablemente le encantaría. Aunque la mejora no se producirá cada vez que se registre, es un buen detalle cuando se produce y es probable que se quede con esa cadena hotelera porque le tratan muy bien.

Las organizaciones exitosas ofrecen excelentes productos y servicios que deleitan a sus clientes. El diseño de sistemas nos dice que construyamos pensando en el cliente, que trabajemos estrechamente con él, que construyamos en pequeños incrementos y pidamos su opinión, para entender mejor lo que realmente les va a gustar. Como agilistas disciplinados, aceptamos el cambio porque sabemos que nuestros interesados verán nuevas posibilidades al conocer lo que realmente quieren, a medida que la solución evoluciona. También nos esforzamos por cuidar de nuestros clientes y descubrir lo que ellos quieren. Es mucho más fácil cuidar de un cliente existente que conseguir uno nuevo. Jeff Gothelf y Josh Seiden lo expresan mejor en *Sense & Respond:* "Se gana si se puede hacer que un producto sea más fácil de usar, reducir el tiempo que tarda un cliente en completar una tarea o proporcionar la información correcta en el momento exacto" [SenseRespond].

Principio: Ser fabuloso

¿Quién no quiere ser fabuloso? ¿Quién no quiere ser parte de un equipo fabuloso haciendo cosas fabulosas mientras trabaja para una organización fabulosa? Todos deseamos estas cosas. Recientemente, Joshua Kerievsky ha popularizado el concepto de que los equipos ágiles modernos hacen que las personas sean fabulosas y, por supuesto, no es una exageración que también queramos equipos fabulosos y organizaciones fabulosas. De manera similar, Mary y Tom Poppendieck observan que las personas involucradas y pensantes obtienen una ventaja sostenible, al igual que Richard Sheridan en *Joy Inc.* [Sheridan]. Ayudar a las personas a ser fabulosas es importante porque, como dice Richard Branson del Virgin Group, "Cuida de tus empleados y ellos se ocuparán de tu negocio".

Hay varias cosas que nosotros, como individuos, podemos hacer para ser fabulosos. En primer lugar, actuar de tal manera que nos ganemos el respeto y la confianza de nuestros colegas: Ser confiables, ser honestos, ser abiertos, ser éticos y tratarlos con respeto. En segundo lugar, colaborar voluntariamente con los demás. Compartir información con ellos cuando se le pida, incluso si se trata de un trabajo en curso. Ofrecer ayuda cuando se necesite y, lo que es igual de importante, buscar ayuda para nosotros mismos. En tercer lugar, ser un aprendiz activo. Debemos tratar de dominar nuestro oficio, siempre en busca de oportunidades para experimentar y aprender. Ir más allá de nuestra especialidad y conocer el proceso de software y el entorno empresarial en general. Al convertirnos en un "especialista generalizado" con habilidades en forma de T, podremos apreciar mejor de dónde vienen los demás y, por lo tanto, interactuar con ellos de manera más efectiva [Modelado Ágil]. Cuarto, tratar de nunca defraudar al equipo. Sí, sucederá a veces, y los buenos equipos lo entienden y lo perdonan. En quinto lugar, Simon Powers [Powers] señala que necesitamos estar dispuestos a mejorar y gestionar nuestras respuestas emocionales a situaciones difíciles. La innovación requiere diversidad, y por su propia naturaleza, las opiniones diversas pueden causar reacciones emocionales. Todos debemos propender para que nuestro lugar de trabajo sea psicológicamente seguro.

Los equipos fabulosos también optan por incorporar calidad desde el principio. Lean nos dice que solucionemos cualquier problema de calidad y la forma de trabajo que lo causó. En lugar de debatir qué errores podemos omitir para tratarlos más tarde, queremos aprender a evitarlos por completo. Con este propósito, operamos de tal manera que hacemos un poco de trabajo, lo validamos, arreglamos los problemas que encontramos y luego iteramos. El Manifiesto Ágil es claro en que la atención continua a la excelencia técnica y el buen diseño mejora la agilidad [Manifiesto].

El liderazgo sénior dentro de nuestra organización puede permitir que el personal consista de personas fabulosas que trabajan en equipos fabulosos al proporcionarles la autoridad y los recursos necesarios para que hagan su trabajo, al construir una cultura y un entorno seguros (consulte el siguiente principio) y al motivarlos a la excelencia. Las personas están motivadas por la autonomía para hacer su trabajo, tener oportunidades para dominar su oficio y hacer algo que tenga un propósito [Pink]. ¿Qué preferiría tener, personal que esté motivado o desmotivado?[1]

---

[1] Si cree que los empleados felices son caros, ¡espere hasta probar con los infelices!

Principio: El contexto importa

Cada persona es única, con su propio conjunto de habilidades, preferencias para el estilo de trabajo, metas profesionales y estilos de aprendizaje. Cada equipo es único no solo porque está compuesto por personas únicas, sino también porque se enfrenta a una situación única. Nuestra organización también es única, incluso cuando hay otras que operan en el mismo mercado que nosotros. Por ejemplo, los fabricantes de automóviles como Ford, Audi y Tesla construyen la misma categoría de producto, pero no es muy difícil afirmar que son empresas muy diferentes. Estas observaciones (sobre que las personas, los equipos y las organizaciones son todos únicos) nos llevan a una idea crítica de que nuestro proceso y la estructura de la organización deben adaptarse a la situación que enfrentamos actualmente. En otras palabras, el contexto cuenta.

El Gráfico 2.2, adaptado del Situation Context Framework (SCF) [SCF] (Marco de referencia del Contexto de la Situación) muestra que hay varios factores de contexto que afectan la forma en que un equipo elige su WoW. Los factores están organizados en dos categorías: factores que tienen un impacto significativo sobre nuestra elección del ciclo de vida (más sobre esto en el Capítulo 6), y factores que motivan nuestra elección de prácticas/estrategias. Los factores de selección de prácticas/estrategias son un súper conjunto de los factores de selección del ciclo de vida. Por ejemplo, un equipo de ocho personas, que trabajen en una sala de equipo común, sobre un problema de dominio muy complejo en una situación regulatoria y crítica para la vida se organizarán de manera diferente, y elegirán seguir prácticas diferentes a las de un equipo de 50 personas, repartidas por todo un campus corporativo, sobre un problema complejo en una situación no regulatoria. Aunque estos dos equipos podrían estar trabajando para la misma empresa, podrían elegir trabajar de maneras muy diferentes.

Hay varias implicaciones interesantes del Gráfico 2.2. En primer lugar, cuanto más a la derecha esté el factor de selección, mayor será el riesgo al que se enfrente un equipo. Por ejemplo, es mucho más arriesgado subcontratar que construir nuestro propio equipo interno. Un equipo con un conjunto de habilidades más bajo es una propuesta más arriesgada que un equipo altamente capacitado. Un equipo grande es una propuesta mucho más arriesgada que un equipo pequeño. Una situación regulatoria y crítica para la vida es mucho más arriesgada que una situación financiera crítica, que a su vez es más arriesgada que no enfrentar ninguna regulación en absoluto. En segundo lugar, debido a que los equipos en diferentes situaciones tendrán que elegir trabajar de una manera que sea apropiada para la situación que enfrentan, para ayudarlos a adaptar su enfoque de manera efectiva necesitamos darles opciones. En tercer lugar, cualquier persona que interactúe con varios equipos debe ser lo suficientemente flexible para trabajar con cada uno de esos equipos de manera apropiada. Por ejemplo, dirigiremos a ese equipo pequeño, situado en el mismo lugar y de vital importancia de manera diferente al equipo de tamaño mediano distribuido por todo el campus. Del mismo modo, un arquitecto empresarial (AE) que está apoyando a ambos equipos colaborará de manera diferente con cada uno.

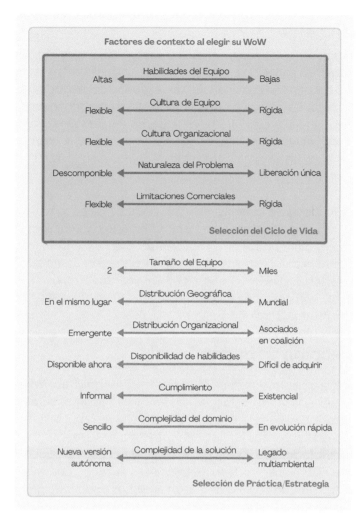

Gráfico 2.2 Factores de contexto que afectan las opciones de WoW.

Scrum proporciona lo que solía ser una guía sólida para entregar valor de manera ágil, pero solo está descrito oficialmente en un folleto de 19 páginas [ScrumGuide]. Disciplined Agile reconoce que las complejidades empresariales requieren mucha más orientación y, por lo tanto, proporciona un kit de herramientas de referencia completo para adaptar nuestro enfoque ágil a nuestro contexto único de una manera sencilla. Ser capaz de adaptar nuestro enfoque para nuestro contexto con una variedad de opciones en lugar de estandarizar en un método o marco de referencia es algo bueno y lo exploramos más adelante.

Principio: Ser pragmático

Muchos agilistas son bastante fanáticos en lo que respecta a seguir estrictamente métodos específicos. De hecho, hemos conocido a muchos que dicen que para "hacer ágil correctamente", necesitamos tener de 5 a 9 personas en una sala, con el dueño del negocio (dueño del producto) presente en todo momento. El equipo no debería ser molestado por personas fuera del equipo y debería estar 100 % dedicado al proyecto. Sin embargo, en muchas empresas establecidas rara vez existen esas condiciones ideales. La realidad es que tenemos que lidiar con muchas situaciones que no son óptimas, tales como equipos distribuidos, equipos de gran tamaño, subcontratación, coordinación de múltiples equipos y disponibilidad a tiempo parcial de los interesados.

DA reconoce estas realidades, y en lugar de decir "no podemos ser ágiles" en estas situaciones, en cambio decimos: "Seamos pragmáticos y tratemos de ser lo más eficaces posible". En lugar de prescribir las "mejores prácticas", DA ofrece estrategias para maximizar los beneficios de la agilidad a pesar de que se hagan ciertos compromisos necesarios. Como tal, DA es pragmática, no purista en su orientación. La DA nos proporciona apoyos con el fin de ayudarnos a tomar mejores decisiones para el proceso, no reglas estrictas que pueden no ser aplicables dado el contexto al que nos enfrentamos.

Principio: La elección es buena

Supongamos que nuestra organización tiene múltiples equipos que trabajan en una gama de situaciones, que de hecho es la norma para todas las empresas, excepto para las de menor tamaño. ¿Cómo definimos un proceso que se aplica a todas y cada una de las situaciones que cubre la gama de problemas que enfrenta cada equipo? ¿Cómo lo mantenemos actualizado a medida que cada equipo aprende y evoluciona su enfoque? La respuesta es que no podemos; documentar tal proceso resulta exponencialmente caro. Pero, ¿significa eso que tenemos que imponer el mismo proceso prescriptivo a todos? Cuando hacemos eso, causamos disonancia en el proceso sobre nuestros equipos, disminuyendo su capacidad para ser efectivos y aumentando la probabilidad de que inviertan recursos en hacer que parezca que están siguiendo el proceso cuando en realidad no lo están. ¿O esto significa que solo tenemos un "proceso libre para todos" y le decimos a todos nuestros equipos que resuelvan por su cuenta? Aunque esto puede funcionar, tiende a ser muy caro y lleva mucho tiempo en la práctica. Incluso con el coaching, cada equipo se ve obligado a inventar o descubrir prácticas y estrategias que han existido durante años, a veces décadas.

Desarrollar nuevos productos, servicios y software es una tarea compleja. Eso significa que nunca podemos saber con certeza lo que va a pasar. Hay muchas capas de actividades que se llevan a cabo simultáneamente, y es difícil ver cómo cada una se relaciona con las otras. Los sistemas son holísticos y no resultan comprensibles con solo mirar sus componentes. En cambio, debemos ver cómo los componentes del sistema interactúan entre sí. Piense en un automóvil, por ejemplo. Aunque los automóviles tienen componentes, el automóvil en sí mismo también tiene que ver con la forma en que los componentes del coche interactúan entre sí. Por ejemplo, poner un motor más grande en un automóvil podría hacer que se vuelva inestable si el chasis no puede soportarlo, o incluso peligroso si los frenos ya no son suficientes.

Al realizar mejoras en la forma en que trabajamos, debemos considerar lo siguiente:

- Cómo las personas interactúan entre sí;
- La forma en que el trabajo que se realiza en una parte del sistema afecta el trabajo en otras;
- Cómo aprenden las personas; y
- Cómo las personas en el sistema interactúan con personas fuera del sistema.

Estas interacciones son exclusivas de una organización en particular. El principio de "el contexto cuenta" significa que debemos tomar decisiones inteligentes según la situación en la que nos encontremos. ¿Pero cómo? Primero reconocemos que no estamos tratando de averiguar la mejor manera de hacer las cosas de antemano, sino que más bien creamos una serie de pasos, cada uno mejorando lo que estamos haciendo o aprendiendo algo que aumentará la probabilidad de mejora la próxima vez.

Cada paso en esta serie se presenta como una hipótesis; es decir, una conjetura de que será una mejora si podemos lograrlo. Si conseguimos mejorar, quedamos contentos y podemos seguir al siguiente paso. Si no lo logramos, deberíamos preguntarnos por qué no lo hicimos. Nuestros esfuerzos deben conducir a la mejora o al aprendizaje, lo que luego establece la siguiente acción de mejora. Podemos pensar en esto como un enfoque científico, ya que estamos ensayando acciones y validándolas. La causa puede ser que tomamos la acción equivocada, la gente no la aceptó, o estaba más allá de nuestra capacidad.

He aquí un ejemplo. Digamos que percibimos que nuestra gente está realizando mucha multitarea. La multitarea generalmente es causada por personas que trabajan en demasiadas cosas que no son capaces de terminar rápidamente. Esto hace que pasen de una tarea a otra e introduce retrasos en su flujo de trabajo, así como en el de cualquier persona que dependa de ellos. La manera de detener esta multitarea depende de la causa o causas de la misma. Estas a menudo son claras o se pueden discernir fácilmente. Incluso si no estamos seguros, ensayar algo basado en lo que ha funcionado en situaciones similares en el pasado a menudo logra buenos resultados o aprendizaje. El aspecto más destacado de DA es que usamos prácticas que están relacionadas con nuestra situación, y para hacer eso necesitamos saber qué prácticas existen entre las que podríamos elegir.

Diferentes contextos requieren diferentes estrategias. Los equipos deben ser capaces de adueñarse de su propio proceso, y experimentar para descubrir lo que funciona en la práctica para ellos dada la situación que enfrentan. Como aprendimos en el Capítulo 1, DAD proporciona seis ciclos de vida para que los equipos elijan y 24 metas de proceso que nos guíen hacia la elección de las prácticas/estrategias correctas para nuestro equipo dada la situación a la que nos enfrentemos. Sí, parece un poco complicado al principio, pero este enfoque demuestra ser una estrategia directa para ayudar a abordar las complejidades que enfrentan los equipos de entrega de soluciones. Piense en DAD, y en DA en general, como la estructura que presta soporte a nuestros esfuerzos en la elección y evolución de nuestro WoW.

Esta estrategia basada en la elección es un camino intermedio. En un extremo tenemos métodos prescriptivos, que tienen su lugar, como Scrum, Extreme Programming (XP) y SAFe®, los cuales nos indican una manera de hacer las cosas. Independientemente de lo que afirmen los detractores de estos métodos, estos métodos/marcos de referencia funcionan bastante bien en algunas situaciones, y mientras nos encontremos en esa situación, funcionarán bien para nosotros. Sin embargo, si no estamos en la situación a la que se ajusta un determinado método, entonces es probable que haga más daño que bien. En el otro extremo está el crear nuestros propios métodos al apreciar nuestros desafíos, creando nuevas prácticas basadas en principios, probándolas como experimentos y aprendiendo a medida que avanzamos. Así es como desarrollaron su enfoque los métodos[2] que nos dicen que experimentemos y aprendamos a medida que avanzamos. Esto funciona bien en la práctica, pero puede resultar muy costoso, llevar mucho tiempo y conducir a inconsistencias significativas entre los equipos, lo que dificulta nuestro proceso organizacional en general. Spotify® gozó del privilegio de evolucionar su proceso dentro del contexto de una empresa de productos, una arquitectura común, sin deudas técnicas y una cultura que ellos podrían hacer crecer en lugar de cambiar —por no mencionar a varios expertos internos. DA se encuentra entre estos dos extremos; al adoptar este enfoque impulsado por las metas de proceso, proporciona la similitud de procesos entre los equipos que se requiere a nivel organizacional, pero proporciona a los equipos una orientación flexible y directa que se requiere para adaptar y desarrollar sus procesos internos con el fin de abordar el contexto de la situación a la que se enfrentan. Los equipos pueden elegir las opciones probables entre las estrategias conocidas, para luego experimentar, lo que aumenta la posibilidad de que encuentren algo que funcione para ellos en la práctica. Como mínimo, al menos deja en claro que tienen opciones, que hay algo más que la única manera descrita por los métodos prescriptivos.

La gente a menudo se sorprende cuando sugerimos que los métodos convencionales como Scrum y Extreme Programming (XP) son prescriptivos, pero de hecho lo son. Scrum exige una reunión diaria de pie (un scrum), por no más de 15 minutos, a la que deben asistir todos los miembros del equipo; que los equipos deben tener una retrospectiva al final de cada iteración (sprint); y que el tamaño del equipo no debe ser mayor a nueve personas. Extreme Programming (XP) prescribe la programación en pares (dos personas que comparten un teclado) y el desarrollo guiado por pruebas (TDD); por supuesto, ambas son buenas prácticas en el contexto correcto. No estamos sugiriendo que la prescripción sea algo malo, simplemente estamos afirmando que existe.

Con el fin de proporcionar a las personas opciones de las que puedan elegir su forma de trabajar (WoW), DA ha reunido estrategias y las ha puesto en contexto de una amplia gama de fuentes. Un efecto secundario importante de hacerlo es que nos obligó rápidamente a adoptar un enfoque agnóstico.

---

[2] Spotify, al igual que otros métodos, es una gran fuente de ideas potenciales que hemos extraído en DA. En particular, hemos encontrado que resulta útil su enfoque experimental para la mejora de procesos, que hemos desarrollado en experimentos guiados (Capítulo 1). Desafortunadamente, muchas organizaciones intentan adoptar el método Spotify textualmente, que es exactamente lo que la gente de Spotify nos dice que no hagamos. El método Spotify fue genial para ellos, en su contexto, hace varios años. Tienen claro que si estamos copiando lo que ellos hicieron anteriormente, eso no es el Spotify de ahora. Nuestro contexto es diferente, aunque fuéramos una compañía sueca de música en línea.

En DA, hemos combinado estrategias sobre métodos, marcos de referencia, fundamentos, libros, nuestras experiencias prácticas en ayudar a las organizaciones a mejorar y de muchas otras fuentes. Estas fuentes usan terminología diferente, a veces se superponen entre sí, tienen diferentes alcances, se basan en diferentes mentalidades y, francamente, a menudo se contradicen entre sí. El Capítulo 3 entra en mayor detalle sobre cómo DA es un kit de herramientas híbrido que proporciona consejos agnósticos sobre procesos. Como se describió anteriormente, el liderazgo debe alentar la experimentación temprana con el interés de aprender y mejorar lo más rápido posible. Sin embargo, sugerimos que al hacer referencia a las estrategias probadas en Disciplined Agile, tomaremos mejores decisiones para nuestro contexto, acelerando la mejora del proceso al fallar menos. Mejores elecciones conducen a mejores resultados, con mayor prontitud.

Principio: Optimizar el flujo

Aunque Ágil surgió del pensamiento lean de muchas maneras, los principios del flujo parecen estar trascendiendo a ambos. Don Reinertsen, en *Principles of Product Development Flow: 2nd Edition* [Reinertsen], proporciona más acciones directas que podemos adoptar para acelerar la materialización del valor. Analizar el flujo de valor permite a los equipos colaborar de manera que los flujos de valor de nuestra organización sean implementados eficazmente. Aunque cada equipo puede ser solo una parte del flujo de valor, pueden ver cómo podrían alinearse con los demás para maximizar la materialización del valor.

La implicación es que, como organización, necesitamos optimizar nuestro flujo de trabajo en general. DA apoya estrategias de Ágil, lean y de flujo para hacerlo:

1. **Optimizar el todo.** Los equipos de DA trabajan de una manera "empresarial consciente". Se dan cuenta de que su equipo es uno de los muchos equipos dentro de su organización y, como resultado, deben trabajar de tal manera que hagan lo que es mejor para la organización en general y no solo lo que es conveniente para ellos. Más importante aún, se esfuerzan por simplificar el proceso general, para optimizar el conjunto como el canon de lean nos aconseja hacer. Esto incluye encontrar formas de reducir el tiempo total del ciclo —el tiempo total desde el comienzo hasta el final del proceso para proporcionar valor a un cliente [Reinertsen].
2. **Medir lo importante.** La exhortación de Reinertsen, "Si solo va a cuantificar una cosa, cuantifique el costo del retraso", proporciona una visión de lo que se debe optimizar para toda la organización. "Costo del retraso" es el costo para una empresa, en valor, cuando un producto se retrasa. Como organización o como un flujo de valores dentro de una organización, e incluso a nivel de equipo, tendremos resultados que queremos lograr. Algunos de estos resultados estarán centrados en el cliente y algunos estarán centrados en la mejora (a menudo se derivan de la mejora de los resultados centrados en el cliente). Nuestras medidas deberían ayudar a mejorar los resultados o a perfeccionar nuestra capacidad para lograr mejores resultados.

3. **Entregar pequeños lotes de trabajo continuamente a un ritmo sostenible.** Pequeños lotes de trabajo no solo nos permiten obtener retroalimentación más rápido, sino que nos permiten no construir cosas de menor valor, que a menudo son arrojadas dentro de un proyecto. El Dr. Goldratt, creador de la Teoría de las restricciones (ToC), una vez comentó: "A menudo, reducir el tamaño de los lotes es todo lo que se necesita para volver a controlar un sistema" [Goldratt]. Al ofrecer soluciones consumibles con frecuencia, podemos ajustar lo que realmente se necesita y evitar construir cosas que no lo sean. Por "consumible", queremos decir que es utilizable, deseable y funcional (satisface las necesidades de sus interesados). "Solución" se refiere a algo que puede incluir software, hardware, cambios en un proceso comercial, cambios en la estructura organizacional de las personas que usan la solución y, por supuesto, cualquier documentación de soporte.

4. **Prestar atención a los retrasos mediante la gestión de las colas.** Al atender las colas (trabajo pendiente), podemos identificar cuellos de botella y eliminarlos utilizando conceptos de Lean, Teoría de las restricciones y Kanban. Esto elimina los retrasos en el flujo de trabajo que crean trabajo adicional.

5. **Mejorar continuamente.** La optimización del flujo requiere aprendizaje y mejora continuos. La meta del proceso *Evolucionar su WoW* captura estrategias para mejorar el entorno de trabajo de nuestro equipo, nuestro proceso y nuestra infraestructura de herramientas a lo largo del tiempo. La elección de nuestro WoW se realiza de forma continua. Este aprendizaje no se trata solo de cómo trabajamos, sino en qué estamos trabajando. Probablemente el impacto más significativo del trabajo de Eric Ries en Lean Startup es la popularización de la mentalidad de experimentación —la aplicación de conceptos fundamentales del método científico a los negocios. Esta mentalidad se puede aplicar a la mejora del proceso siguiendo una estrategia de mejora continua guiada (GCI) que describimos en el Capítulo 1. Validar nuestro aprendizaje es una de las pautas de la mentalidad DA. Mejorar continuamente es también una de las promesas que los agilistas disciplinados se hacen unos a otros (ver a continuación).

6. **Preferir equipos de productos dedicados y de larga duración.** Una tendencia muy común en la comunidad Ágil es el paso de los equipos de proyecto a los equipos de producto multidisciplinarios. Esto nos lleva al siguiente principio: Organizar en torno a productos/servicios.

Principio: Organizar en torno a productos/servicios

Hay varias razones por las que es fundamental organizarse en torno a los productos y servicios, o más simplemente, las ofertas que ofrecemos a nuestros clientes. Lo que queremos decir con esto es que no nos organizamos en función del trabajo, como tener un grupo de ventas, un grupo de análisis de negocio, un grupo de análisis de datos, un grupo de gestión de proveedores, un grupo de dirección de proyectos, etc. El problema de hacerlo son los gastos generales y el tiempo necesarios para gestionar el trabajo entre estos equipos dispares y alinear las diferentes prioridades de los mismos. En su lugar, creamos equipos dedicados centrados en entregar una oferta a uno o más clientes. Estos equipos serán multidisciplinarios en el sentido de que incluirán personas con habilidades de ventas, habilidades de análisis de negocio, habilidades de gestión, etc.

Organizarnos en torno a productos/servicios nos permite identificar y optimizar los flujos que cuentan, que son los flujos de valor. Encontraremos que una colección de ofertas relacionadas definirá un flujo de valor que ofrecemos a nuestros clientes, y este flujo de valor será implementado por la recopilación de equipos para esas ofertas. La capa de flujo de valor del kit de herramientas DA, capturada por el ciclo de vida de DA FLEX, fue descrita en el Capítulo 1.

La organización en torno a los productos/servicios nos permite centrarnos en satisfacer a los clientes. Stephen Denning llama a esto la Ley del Cliente, en que todos deben apasionarse y enfocarse en agregar valor a sus clientes [Denning]. Idealmente, estos son clientes externos, las personas u organizaciones para el servicio de las cuales existe nuestra organización. Pero a veces también se trata de clientes internos, otros grupos o personas con las que estamos colaborando para que puedan atender a sus clientes de manera más eficaz.

Dentro de un flujo de valor, la industria ha descubierto que los equipos de productos dedicados y multidisciplinarios que permanecen juntos a lo largo del tiempo son los más efectivos en la práctica [Kersten]. Dicho esto, siempre habrá también trabajo basado en proyectos. El Capítulo 6 muestra que DA admite ciclos de vida que son adecuados para equipos de proyecto así como para equipos dedicados a productos. Recuerde siempre que la elección es buena.

Principio: Concientización empresarial

Cuando las personas son conscientes de la empresa, están motivadas para considerar las necesidades generales de su organización, para asegurarse de que lo que están haciendo contribuye positivamente a los objetivos de la organización y no solo a los objetivos sub-óptimos de su equipo. Este es un ejemplo del principio de optimización del todo. En este caso, "el todo" es la organización, o al menos el flujo de valor, por encima de la optimización local a nivel de equipo.

La concientización empresarial cambia positivamente los comportamientos de las personas de varias maneras importantes. En primer lugar, es más probable que trabajen en estrecha colaboración con los profesionales de la empresa para buscar su orientación. Estas personas, tales como arquitectos empresariales, gerentes de productos, profesionales de finanzas, auditores y altos ejecutivos, son responsables de las estrategias comerciales y técnicas de nuestra organización y de la evolución de la visión general de la misma. En segundo lugar, es más probable que las personas conscientes de la empresa aprovechen y evolucionen los activos existentes dentro de nuestra organización, colaborando con las personas responsables de esos activos (tales como datos, código y patrones o técnicas probados) para hacerlo. En tercer lugar, es más probable que ellos adopten y sigan una orientación común, adaptándola donde sea necesario, aumentando así la consistencia y la calidad generales. En cuarto lugar, es más probable que compartan sus aprendizajes entre los equipos, lo que acelera los esfuerzos de mejora general de nuestra organización. De hecho, una de las hojas de proceso de DA, Mejora Continua, se centra en ayudar a las personas a compartir sus aprendizajes. En quinto lugar, las personas conscientes de la empresa tienen más probabilidades de estar dispuestas a trabajar de manera transparente, aunque esperan reciprocidad de los demás.

También existe la posibilidad de consecuencias negativas. Algunas personas creen que la concientización empresarial exige la coherencia absoluta y la adhesión de los equipos a los procesos, sin darse cuenta de que el contexto cuenta y que cada equipo necesita tomar sus propias decisiones de proceso (dentro de los límites o lo que comúnmente se llama "barandales"). La concientización empresarial puede llevar a algunas personas a un estado de "parálisis por análisis", en el que no pueden tomar una decisión porque están abrumadas por la complejidad de la organización.

Prometemos

Debido a que los agilistas disciplinados creen en los principios de DA, prometen adoptar comportamientos que les permitan trabajar tanto dentro de su equipo como con otros de manera más efectiva. Estas promesas están diseñadas para ser sinérgicas en la práctica, y presentan ciclos de retroalimentación positivos entre ellas. Las promesas de la mentalidad DA son:

- Crear seguridad psicológica y adoptar la diversidad.
- Acelerar la materialización del valor.
- Colaborar de forma proactiva.
- Hacer que todo el trabajo y el flujo de trabajo sean visibles.
- Mejorar la previsibilidad.
- Mantener las cargas de trabajo dentro de la capacidad.
- Mejorar continuamente.

Promesa: Crear seguridad psicológica y adoptar la diversidad

La seguridad psicológica significa ser capaz de mostrarse y emplearse a sí mismo sin temor a las consecuencias negativas para el estatus, la carrera o la autoestima —debemos sentirnos cómodos siendo nosotros mismos en nuestro entorno de trabajo. Un estudio de 2015 en Google encontró que los equipos exitosos brindan seguridad psicológica a los miembros del equipo, que los miembros del equipo pueden depender entre sí, que hay estructura y claridad en torno a los roles y responsabilidades, y que las personas están haciendo un trabajo que es significativo e impactante para ellas [Google].

La seguridad psicológica va de la mano con la diversidad, que es el reconocimiento de que cada persona es única y puede agregar valor de diferentes maneras. Las dimensiones de la singularidad personal incluyen, entre otras, la raza, el origen étnico, el género, la orientación sexual, la agilidad, las habilidades físicas, el estatus socioeconómico, las creencias religiosas, las creencias políticas y otras creencias ideológicas. La diversidad es fundamental para el éxito de un equipo porque permite una mayor innovación. Entre más diverso sea nuestro equipo, mejores serán nuestras ideas, mejor será nuestro trabajo y más aprenderemos los unos de los otros.

Hay varias estrategias que nos permiten fomentar la seguridad psicológica y la diversidad dentro de un equipo:

1. **Ser respetuoso.** Cada uno es diferente, con diversas experiencias y diferentes preferencias. Ninguno de nosotros es la persona más inteligente de la sala. Respete lo que otras personas saben, que nosotros no sabemos, y reconozca que tienen un punto de vista diferente e importante.
2. **Ser humilde.** En muchos sentidos, esto es clave para tener una mentalidad de aprendizaje y ser respetuoso.
3. **Ser ético y confiable.** Si confían en nosotros, las personas se sentirán más seguras trabajando e interactuando con nosotros. La confianza se construye con el tiempo a través de una serie de acciones, y puede perderse instantáneamente con una acción.
4. **Hacer que fallar resulte seguro.** Hay una frase pegadiza en el mundo Ágil denominada "fallar rápido". Preferimos el consejo de Al Shalloway: "Hacer que fallar resulte seguro para que se pueda aprender rápidamente". La idea es no dudar en probar algo, aunque pueda fallar. Pero el enfoque debería estar en aprender de forma segura y rápida. Tenga en cuenta que "de forma segura" se refiere tanto a la seguridad psicológica como a la seguridad de nuestro trabajo. Como aprendimos en el Capítulo 1, el objetivo de la mejora continua guiada (GCI) es probar nuevas formas de trabajar (WoW) con la expectativa de que funcionarán para nosotros, mientras que estemos preparados para aprender de nuestro experimento si falla.

Promesa: Acelerar la materialización del valor

Una pregunta importante es: ¿Qué es el valor? El valor para el cliente, algo que beneficia al cliente final que consume el producto/servicio que nuestro equipo ayuda a proporcionar, es en lo que generalmente se centran los agilistas. Esto es claramente importante, pero en Agilidad Disciplinada tenemos muy claro que los equipos tienen una gama de interesados, incluidos los clientes finales externos. Entonces, ¿no deberíamos también proporcionarles valor a ellos?

Mark Schwartz, en *The Art of Business Value*, distingue entre dos tipos de valor: valor para el cliente y valor del negocio [Schwartz]. El valor del negocio aborda el problema de que algunas cosas son beneficiosas para nuestra organización y tal vez solo indirectamente para nuestros clientes. Por ejemplo, invertir en arquitectura empresarial, infraestructura reutilizable y compartir innovaciones en toda nuestra organización ofrece el potencial de mejorar la consistencia, la calidad, la confiabilidad y reducir los costos a largo plazo. Estas cosas tienen un gran valor para nuestra organización, pero pueden tener poco impacto directo en el valor para el cliente. Sin embargo, trabajar de una manera consciente de la empresa, tal como ésta, es claramente una cosa muy inteligente que hacer.

Hay varias formas en que podemos acelerar la materialización del valor:

1. **Trabajar sobre elementos pequeños y de gran valor.** Al trabajar en lo más valioso en este momento, aumentamos el retorno general sobre la inversión (ROI) de nuestros esfuerzos. Al trabajar en cosas pequeñas y liberarlas rápidamente, reducimos el costo general del retraso y nuestro ciclo de retroalimentación al poner rápidamente nuestro trabajo en manos de los interesados. Se trata de una estrategia muy común en la comunidad Ágil y podría decirse que es un elemento fundamental de Ágil.
2. **Reutilizar activos existentes.** Es muy probable que nuestra organización tenga muchas cosas excelentes que podamos aprovechar, como herramientas, sistemas, fuentes de datos, estándares y muchos otros activos existentes. Pero necesitamos elegir buscarlos, necesitamos apoyo para acceder a ellos y aprender sobre ellos, y es posible que necesitemos hacer un poco de trabajo para mejorar los activos con el fin de que se ajusten a nuestra situación. Una de las pautas de la mentalidad DA, descrita más adelante en este capítulo, es aprovechar y mejorar los activos organizacionales.
3. **Colaborar con otros equipos.** Una forma fácil de acelerar la materialización del valor es colaborar con otros para hacer el trabajo. Recuerde el viejo dicho: Muchas manos aligeran el trabajo.

Promesa: Colaborar de forma proactiva

Los agilistas disciplinados se esfuerzan por agregar valor al conjunto, no solo a su trabajo individual o al trabajo del equipo. La implicación es que queremos colaborar tanto dentro de nuestro equipo como con otras personas fuera de nuestro equipo, y también queremos ser proactivos al hacerlo. Esperar a que se le pida es pasivo, observar que alguien necesita ayuda y luego ofrecerse voluntariamente para hacerlo es proactivo. Hemos observado que hay tres oportunidades importantes para la colaboración proactiva:

1. **Dentro de nuestro equipo.** Siempre deberíamos centrarnos en ser fabulosos y en trabajar y ayudar a nuestros compañeros de equipo. Por lo tanto, si vemos que alguien está sobrecargado de trabajo o está luchando por resolver algo, no solo espere a que se le pida, sino que ofrézcase como voluntario para ayudar.
2. **Con nuestros interesados.** Los equipos fabulosos tienen una muy buena relación de trabajo con sus interesados, colaborando con ellos para asegurarse de que lo que hacen es lo que ellos realmente necesitan.
3. **A través de los límites de la organización.** En el Capítulo 1, discutimos cómo una organización es un sistema adaptativo complejo (CAS) de equipos que interactúan con otros equipos.

Promesa: Hacer que todo el trabajo y el flujo de trabajo sean visibles

Los equipos de Disciplined Agile, y los miembros individuales del equipo, hacen que todo su trabajo y la forma en que trabajan sean visibles para los demás.[3] Esto se denomina a menudo "transparencia radical" y la idea es que deberíamos ser abiertos y honestos con los demás. No todo el mundo se siente cómodo con esto.

Las organizaciones con métodos tradicionales tienen muchos proyectos tipo sandía –verde en el exterior y rojo en el interior– con lo que queremos decir que ellos claman que lo están haciendo bien a pesar de que realmente están en problemas. La transparencia es fundamental tanto para apoyar la gobernanza efectiva como para permitir la colaboración, ya que las personas pueden ver en lo que otros están trabajando actualmente.

Los equipos de Diciplined Agile a menudo harán visible su trabajo tanto a nivel individual como a nivel de equipo. Es fundamental concentrarse en nuestro trabajo en proceso, que resulta ser más que el trabajo en progreso. El trabajo en curso es en lo que estamos trabajando actualmente. El trabajo en progreso es nuestro trabajo en progreso más cualquier trabajo que esté en cola esperando que lleguemos a él. Los agilistas disciplinados se centran en el trabajo en proceso como resultado.

Los equipos disciplinados hacen visible su flujo de trabajo y, por lo tanto, tienen políticas de flujo de trabajo explícitas para que todos sepan cómo están trabajando los demás. Esto apoya la colaboración porque las personas tienen acuerdos sobre cómo van a trabajar juntas. También apoya la mejora en los procesos porque nos permite comprender lo que está sucediendo y, por lo tanto, aumenta la posibilidad de que podamos detectar dónde tenemos problemas potenciales. Es importante que seamos tanto agnósticos como pragmáticos en la forma en que trabajamos, ya que queremos hacer lo mejor que podamos en el contexto al que nos enfrentamos.

---

[3] Esto, por supuesto, puede verse limitado por la necesidad de mantener el secreto, como resultado de preocupaciones competitivas o regulatorias.

Promesa: Mejorar la previsibilidad

Los equipos disciplinados se esfuerzan por mejorar su previsibilidad para permitirse colaborar y auto-organizarse de manera más efectiva, y así aumentar la posibilidad de que cumplan con los compromisos que asuman con sus interesados. Muchas de las promesas anteriores que hemos hecho apuntan hacia mejorar la previsibilidad. Para ver cómo mejorar la previsibilidad, a menudo es útil ver qué la causa, tal como la deuda técnica y los miembros del equipo sobrecargados, y luego atacar esos desafíos.

Las estrategias comunes para mejorar la previsibilidad incluyen:

- **Reducir la deuda técnica.** La deuda técnica se refiere al costo implícito de refactorización o retrabajo futuros para mejorar la calidad de un activo con el fin de que sea fácil de mantener y extender. Cuando tenemos una deuda técnica significativa, se hace difícil predecir cuánto esfuerzo representará el trabajo —trabajar con activos de alta calidad es mucho más fácil que trabajar con activos de baja calidad. Debido a que la mayor parte de la deuda técnica está oculta (realmente no sabemos qué invoca ese código fuente que estamos a punto de cambiar o no sabemos qué hay realmente detrás de esa pared que estamos a punto de derribar a medida que renovamos nuestra cocina), a menudo se nos presentan sorpresas impredecibles cuando nos adentramos en el trabajo. Reducir la deuda técnica, descrita por el objetivo del proceso *Mejorar la calidad*, es una estrategia importante para aumentar la previsibilidad de nuestro trabajo.
- **Respetar los límites del trabajo en proceso (WIP).** Cuando las personas están trabajando cerca de o a su capacidad máxima, se hace entonces difícil predecir cuánto tiempo tomará el lograr algo. Esos 2 días de trabajo podrían llevarnos 3 meses, porque o bien lo dejamos en nuestra cola de trabajo durante 3 meses o hacemos un poco de trabajo en un momento durante un período de 3 meses. Peor aún, cuanto más cargada esté una persona, más extensos serán sus ciclos de retroalimentación, generando aún más trabajo para ella (ver a continuación) y, por lo tanto, aumentando aún más su carga de trabajo. Por lo tanto, queremos mantener las cargas de trabajo dentro de la capacidad, otra de nuestras promesas.
- **Adoptar un enfoque que dé prioridad a las pruebas.** Con un enfoque de "primero la prueba", pensamos en cómo vamos a probar algo antes de construirlo. Esto tiene la ventaja de que nuestras pruebas tanto especifican como validan nuestro trabajo, haciendo así una doble tarea, lo que muy probablemente nos motivará a crear un producto funcional de mayor calidad. También aumenta nuestra previsibilidad porque tendremos una mejor comprensión de lo que estamos trabajando antes de realmente trabajar en ello. Hay varias prácticas comunes que adoptan un enfoque de prueba primero, incluido el desarrollo guiado por pruebas de aceptación (ATDD) [ExecutableSpecs], donde capturamos los requisitos detallados a través de pruebas de aceptación de trabajo, y el desarrollo guiado por pruebas (TDD) [Beck; TDD], donde nuestro diseño es captado como pruebas de desarrollo de trabajo.

- **Reducir los ciclos de retroalimentación.** Un ciclo de retroalimentación es la cantidad de tiempo entre hacer algo y obtener retroalimentación al respecto. Por ejemplo, si escribimos un memo y a continuación se lo enviamos a alguien para ver lo que piensa, y luego le toma 4 días para volver a nosotros, el ciclo de retroalimentación es de 4 días. Pero, si trabajamos en colaboración y escribimos el memo juntos, una técnica llamada trabajo en pareja, entonces el ciclo de retroalimentación queda en el orden de segundos porque se puede ver lo que escribimos y discutirlo a medida que lo escribimos. Los ciclos de retroalimentación cortos nos permiten actuar rápidamente para elevar la calidad de nuestro trabajo, mejorando así nuestra previsibilidad y aumentando la posibilidad de que deleitemos a nuestros clientes. Los ciclos de retroalimentación extensos son problemáticos porque cuanto más tiempo se tarde en obtener retroalimentación, mayor será la probabilidad de que se incremente cualquier problema que tengamos en nuestro trabajo, aumentando así el costo de abordar cualquier problema porque ahora necesitamos solucionar el problema original y cualquier cosa que lo agrande. Los extensos ciclos de retroalimentación también aumentan la posibilidad de que el requisito para el trabajo evolucione, ya sea porque algo cambió en el entorno o porque alguien simplemente cambió de opinión sobre lo que quiere. En ambos casos, el ciclo de retroalimentación más largo resulta en más trabajo para nosotros y, por lo tanto, aumenta nuestra carga de trabajo (como se discutió anteriormente).

Promesa: Mantener las cargas de trabajo dentro de la capacidad

Ir más allá de la capacidad es problemático tanto desde un punto de vista personal como de productividad. A nivel personal, sobrecargar a una persona o equipo a menudo aumentará la frustración de las personas involucradas. Aunque puede motivar a algunas personas a trabajar más duro a corto plazo, causará agotamiento a largo plazo, e incluso puede motivar a las personas a darse por vencidas y abandonar porque la situación les parece desesperada. Desde un punto de vista de productividad, la sobrecarga causa multitarea, lo que aumenta la sobrecarga general. Podemos mantener las cargas de trabajo dentro de la capacidad al:

- **Trabajar en pequeños lotes.** Manejar pequeños lotes de trabajo nos permite centrarnos en completar el pequeño lote y luego pasar al siguiente lote pequeño.
- **Tener equipos debidamente formados.** Los equipos que son multidisciplinarios y cuentan con suficiente personal aumentan nuestra capacidad para mantener la carga de trabajo dentro de la misma porque reducen la dependencia de los demás. Cuantas más dependencias tengamos, menos predecible se vuelve nuestro trabajo y, por lo tanto, es más difícil de organizar.
- **Adoptar una perspectiva de flujo.** Al analizar el flujo de trabajo general del que formamos parte, podemos identificar dónde estamos sobrecargados buscando cuellos de botella donde el trabajo esté en cola. Luego podemos ajustar nuestro WoW para aliviar el cuello de botella, tal vez cambiando a las personas de una actividad a otra donde necesitamos más capacidad, o mejorando nuestro enfoque sobre la actividad donde tenemos el cuello de botella. Nuestro objetivo, por supuesto, es optimizar el flujo a través de todo el flujo de valor del que somos parte, no solo optimizar localmente nuestro propio flujo de trabajo.
- **Utilizar un sistema "pull".** Una de las ventajas de realizar "pull" del trabajo cuando estamos preparados es que podemos gestionar nuestro propio nivel de carga de trabajo.

Promesa: Mejorar continuamente

Las organizaciones realmente exitosas, Apple, Amazon, eBay, Facebook, Google y más, llegaron a ese estado a través de la mejora continua. Se dieron cuenta de que para seguir siendo competitivos, necesitaban buscar constantemente formas de mejorar sus procesos, los resultados que estaban entregando a sus clientes y sus estructuras organizacionales. Es por eso que estas organizaciones adoptan un enfoque basado en Kaizen para mejorar a través de pequeños cambios. En el Capítulo 1, aprendimos que podemos hacerlo incluso mejor que eso al adoptar un enfoque de mejora continua guiada (GCI), que aprovecha la base de conocimientos contenida en el kit de herramientas de DA.

La mejora continua requiere que tengamos un acuerdo sobre lo que estamos mejorando. Hemos observado que los equipos que se centran en mejorar la forma en que cumplen las promesas descritas aquí, incluyendo perfeccionar la forma en que mejoran, tienden a experimentar la mejoría más rápido que los que no lo hacen. Nuestro equipo se beneficia claramente al aumentar la seguridad y la diversidad, perfeccionar la colaboración, mejorar la previsibilidad y mantener su carga de trabajo dentro de su capacidad. Nuestra organización también se beneficia de estas cosas cuando mejoramos las otras promesas.

Seguimos estas pautas

Para cumplir con las promesas que los agilistas disciplinados hacen, elegirán seguir una colección de pautas que los hagan más efectivos en la forma en que trabajan. Las directrices de la mentalidad DA son:

1. Validar nuestro aprendizaje.
2. Aplicar design thinking.
3. Cuidar las relaciones a través del flujo de valor.
4. Crear entornos efectivos que fomenten la satisfacción.
5. Cambiar la cultura mejorando el sistema.
6. Crear equipos semiautónomos y auto-organizados.
7. Adoptar medidas para mejorar los resultados.
8. Aprovechar y mejorar los activos organizacionales.

Directriz: Validar nuestro aprendizaje

La única manera de volverse fabuloso es experimentar con, y luego adoptar, cuando corresponda, un nuevo WoW. En el flujo de trabajo de GCI, después de experimentar con una nueva forma de trabajar, evaluamos qué tan bien funcionó, lo que constituye un enfoque llamado aprendizaje validado. Con suerte, descubrimos que el nuevo WoW funciona para nosotros en nuestro contexto, pero también podemos descubrir que no lo hace. De cualquier manera, hemos validado lo que hemos aprendido. Estar dispuesto y ser capaz de experimentar es fundamental para nuestros esfuerzos de mejora de procesos. Recuerde el aforismo de Mark Twain: "No es lo que no sabemos lo que nos mete en problemas, sino lo que creemos saber con certeza pero que no es así".

El aprendizaje validado no es solo para la mejora de procesos. También debemos aplicar esta estrategia al producto/servicio (oferta) que estamos proporcionando a nuestros clientes. Podemos construir en capas finas, poner los cambios a disposición de nuestros interesados, y luego evaluar qué tan bien funciona ese cambio en la práctica. Podemos hacerlo mediante la demostración de nuestra oferta a nuestros interesados, mejor aún, liberando nuestros cambios a los usuarios finales reales y midiendo si se beneficiaron de ellos.

Directriz: Aplicar Design Thinking

Deleitar a los clientes requiere que reconozcamos que nuestro trabajo es crear flujos de valor operativo para ellos que estén diseñados teniéndolos en cuenta. Esto requiere design thinking de nuestra parte. Design thinking significa ser empático con el cliente, tratando primero de comprender su entorno y necesidades antes de desarrollar una solución. Design thinking representa un cambio fundamental, de construir sistemas desde nuestra perspectiva a resolver creativamente los problemas de los clientes y, mejor aun, satisfacer necesidades que ni siquiera sabían que tenían.

Design thinking es un enfoque exploratorio que debería usarse para sondear iterativamente un espacio problemático e identificar posibles soluciones para el mismo. Design thinking tiene sus raíces en el diseño centrado en el usuario así como en el diseño centrado en el uso, los cuales influyeron en el modelado Ágil, uno de los muchos métodos de los que el kit de herramientas de DA adopta prácticas. En el Capítulo 6, aprenderemos que DA incluye el ciclo de vida exploratorio, el cual se usa específicamente para explorar un nuevo espacio problemático.

Directriz: Cuidar las relaciones a través del flujo de valor

Una de las mayores fortalezas del Manifiesto Ágil es su primer valor: Individuos e interacciones sobre procesos y herramientas. Otro punto fuerte es el enfoque sobre los equipos en los principios que respaldan el manifiesto. Sin embargo, el desafortunado efecto secundario de esto es que aleja el enfoque de las interacciones entre personas en diferentes equipos o incluso en diferentes organizaciones. Nuestra experiencia, y creemos que esto es lo que los autores del manifiesto quisieron decir, es que las interacciones entre las personas que hacen el trabajo son lo que resulta clave, independientemente de si son o no parte del equipo. Por lo tanto, si un gerente de producto necesita trabajar en estrecha colaboración con el equipo de análisis de datos de nuestra organización para obtener una mejor comprensión de lo que está sucediendo en el mercado, y con nuestro equipo de estrategia para ayudar a poner esas observaciones en contexto, entonces queremos asegurarnos de que estas interacciones sean efectivas. Necesitamos la colaboración de forma proactiva entre estos equipos para apoyar el trabajo general en cuestión.

El cuidado y mantenimiento de procesos interactivos saludables es importante para las personas involucradas y debe ser apoyado y habilitado por nuestro liderazgo organizacional. De hecho, existe una estrategia de liderazgo denominada gestión intermedia-arriba-abajo (middle-up-down management) [Nonaka], en la que la gerencia mira "hacia arriba" en el flujo de valor para identificar lo que se necesita, permite al equipo satisfacer esa necesidad y trabaja con los equipos de abajo para coordinar el trabajo con eficiencia. El objetivo general es coordinar localmente de una manera tal que permita optimizar el flujo de trabajo general.

Directriz: Crear entornos efectivos que fomenten la satisfacción

Parafraseando el Manifiesto Ágil, los equipos fabulosos se construyen en torno a personas motivadas que disponen del entorno y el apoyo necesarios para cumplir sus objetivos. Parte de ser fabuloso es divertirse y ser alegre. Queremos que trabajar en nuestra empresa sea una gran experiencia, para poder atraer y mantener a las mejores personas. El trabajo resulta un juego si se hace bien.

Podemos hacer que nuestro trabajo sea más alegre creando un entorno que nos permita trabajar bien en conjunto. Una estrategia clave para lograr esto es permitir que los equipos se auto-organicen, para permitirles elegir y evolucionar su propio WoW, estructura organizacional y entornos de trabajo. Los equipos deben hacerlo de una manera consciente de la empresa, lo que significa que necesitamos colaborar con otros equipos, y existen procedimientos y estándares organizacionales que debemos seguir y limitaciones en lo que podemos hacer. El trabajo del liderazgo es proporcionar un buen ambiente para que los equipos comiencen, y luego apoyar y permitir que los equipos mejoren a medida que aprenden con el tiempo.

Directriz: Cambiar la cultura mejorando el sistema

Peter Drucker es famoso por decir que "la cultura se desayuna a la estrategia". Esto es algo que la comunidad Ágil se ha tomado en serio, y esta filosofía se refleja claramente en la naturaleza orientada a las personas del Manifiesto Ágil. Si bien la cultura es importante y el cambio cultural es un componente crítico de la transformación ágil de cualquier organización, la desafortunada realidad es que no podemos cambiarla directamente. Esto se debe a que la cultura es un reflejo del sistema de gestión establecido, por lo que para cambiar nuestra cultura, necesitamos evolucionar nuestro sistema en general.

Desde el punto de vista de sistemas, el sistema es tanto la suma de sus componentes más la forma en que interactúan entre sí [Meadows]. En el caso de una organización, los componentes son los equipos/grupos dentro de ella y las herramientas y otros activos, tanto digitales como físicos, con los que trabajan. Las interacciones son las colaboraciones de las personas involucradas, que son impulsadas por los roles y responsabilidades que asumen y su WoW. Para mejorar un sistema, necesitamos evolucionar tanto sus componentes como las interacciones entre esos componentes en estrecha colaboración.

Para mejorar los componentes de nuestro sistema organizacional, necesitamos evolucionar las estructuras de nuestro equipo y las herramientas/activos que utilizamos para hacer nuestro trabajo. La siguiente guía de mentalidad DA, crear equipos semiautónomos y auto-organizados, aborda el lado del equipo de este punto. La meta del proceso *Mejorar la calidad* capta opciones para mejorar la calidad de nuestra infraestructura, lo que tiende a ser un esfuerzo a largo plazo que requiere una inversión significativa. Para mejorar las interacciones entre los componentes, que es el enfoque de este libro, necesitamos hacer evolucionar los roles y responsabilidades de las personas que trabajan en nuestros equipos y permitirles evolucionar su WoW.

En resumen, si mejoramos el sistema entonces habrá un cambio de cultura. Para garantizar que el cambio cultural sea positivo, para estas mejoras necesitamos adoptar un enfoque de aprendizaje validado.

Directriz: Crear equipos semiautónomos y auto-organizados

Las organizaciones son sistemas adaptativos complejos (CAS) conformados por una red de equipos o, si se quiere, un equipo de equipos. Aunque el Ágil convencional nos insta a crear "equipos completos" que tengan todas las habilidades y recursos necesarios para lograr los resultados que se les han encomendado, la realidad es que ningún equipo es una isla en sí mismo. Los equipos autónomos serían ideales, pero siempre hay dependencias de otros equipos a nivel superior de los que somos parte, así como por debajo de nosotros. Y, por supuesto, existen dependencias entre las ofertas (productos o servicios) que requieren que colaboren los equipos responsables de las mismas. Esta estructura organizativa de red de equipos está siendo recomendada por Stephen Denning en su "Law of the Network" (Ley de la Red) [Denning], Mik Kersten en su recomendación de cambiar de equipos de proyecto a equipos de producto [Kersten], John Kotter en *Accelerate* [Kotter], Stanley McChrystal en su estrategia de equipo de equipos [MCSF] y muchos otros.

Los equipos colaborarán proactivamente con otros equipos de forma periódica, una de las promesas de la mentalidad DA. Los equipos fabulosos son lo más completos posible —son multidisciplinarios; tienen las habilidades, los recursos y la autoridad necesarios para tener éxito; y los propios miembros del equipo tienden a ser especialistas generalizados y multidisciplinarios. Además, están organizados en torno a los productos/servicios ofrecidos por el flujo de valor del que forman parte. Curiosamente, cuando tenemos equipos dedicados a los interesados del negocio, el presupuesto se vuelve mucho más simple porque solo necesitamos presupuestar a las personas alineadas con cada producto/servicio.

Crear equipos semiautónomos es un gran comienzo, pero la auto-organización dentro del contexto del flujo de valor también es algo a lo que se debe prestar atención. Los equipos se auto-organizarán, pero deben hacerlo dentro del contexto del flujo de trabajo general del que forman parte. Recuerde los principios de optimizar el flujo y la concientización empresarial, en el sentido de que los equipos deben esforzarse por hacer lo que es correcto para la organización en general, no solo lo que es conveniente para ellos. Cuando otros equipos también trabajan de esta manera, todos nos volvemos mucho mejores debido a ello.

Directriz: Adoptar medidas para mejorar los resultados

Cuando se trata de métricas, el contexto cuenta. ¿Qué esperamos mejorar? ¿Calidad? ¿Tiempo para comercializar? ¿Moral del personal? ¿Satisfacción del cliente? ¿Combinaciones de lo anterior? Cada persona, equipo y organización tiene sus propias prioridades en cuanto a mejora y sus propias formas de trabajar, por lo que tendrán su propio conjunto de métricas que recopilarán para proporcionar información sobre cómo lo están haciendo y, lo que es más importante, sobre cómo proceder. Y estas medidas evolucionan con el tiempo a medida que evolucionan su situación y sus prioridades. La implicación es que nuestra estrategia de métricas debe ser flexible y adecuada para el propósito, y variará entre los equipos. La meta del proceso *Dirigir al equipo* proporciona varias estrategias, incluida la meta-pregunta-métrica (GQM) [GQM] y los objetivos y resultados clave (OKR) [Doer], que promueven métricas basadas en el contexto.

Las métricas deben ser utilizadas por un equipo a fin de proporcionar información sobre cómo operan y dar visibilidad a los altos directivos a fin de que dirijan al equipo de manera eficaz. Cuando se hacen bien, las métricas conducirán a mejores decisiones, lo que a su vez conducirá a mejores resultados. Cuando se hacen mal, nuestra estrategia de medición aumentará la burocracia a la que se enfrenta el equipo, será un lastre para su productividad y proporcionará información inexacta a quien esté tratando de dirigir al equipo. Aquí hay varias heurísticas a considerar al decidir el enfoque para medir a nuestro equipo:

- Comenzar con los resultados.
- Medir lo que está directamente relacionado con la entrega de valor.
- No existe una "única manera" de medir; los equipos necesitan métricas adecuadas para el propósito.
- Cada métrica tiene fortalezas y debilidades.
- Utilizar las métricas para motivar, no para comparar.
- Obtenemos lo que medimos.
- Los equipos usan métricas para auto-organizarse.
- Medir los resultados a nivel de equipo.
- Cada equipo necesita un conjunto único de métricas.
- Medir para mejorar; necesitamos medir nuestro dolor para que podamos ver nuestra ganancia.
- Tener categorías de métricas comunes entre equipos, no métricas comunes.
- Confiar, pero verificar.
- No gestionar para las métricas.
- Automatizar siempre que sea posible para que no se pueda especular con las métricas.
- Preferir las tendencias a los escalares.
- Preferir las métricas "push" a las de "pull".
- Preferir "pull" a "push".

Directriz: Aprovechar y mejorar los activos organizacionales

Nuestra organización posee muchos activos (sistemas de información, fuentes de información, herramientas, plantillas, procedimientos, aprendizajes y otras cosas) que nuestro equipo podría adoptar para mejorar nuestra efectividad. Es posible que no solo elijamos adoptar estos activos, sino que también descubramos que podemos perfeccionarlos con el fin de mejorarlos para nosotros, así como para otros equipos que también elijan trabajar con estos activos. Esta directriz es importante por varias razones:

1. **Ya se ha hecho un buen trabajo antes.** Nuestro equipo puede aprovechar una amplia variedad de activos dentro de nuestra organización. A veces descubriremos que primero necesitamos evolucionar el activo existente para que satisfaga nuestras necesidades, lo que a menudo resulta más rápido y menos costoso que construirlo desde cero.

2. **A nuestro alrededor sigue habiendo mucho trabajo bueno.** Nuestra organización es una red de equipos semiautónomos y auto-organizados. Podemos trabajar y aprender de estos equipos, colaborando proactivamente con ellos, acelerando así la materialización del valor. El equipo de arquitectura empresarial puede ayudarnos a apuntar en la dirección correcta, y podemos ayudarles a aprender cómo funcionan sus estrategias cuando se aplican en la práctica. Stephen Denning enfatiza la necesidad de que el lado de las operaciones comerciales de nuestra organización, tal como la gestión de proveedores, las finanzas y la gestión de personal, apoye a los equipos que implementan los flujos de valor de nuestra organización [Denning]. Debemos trabajar y aprender juntos, de una manera consciente de la empresa, si queremos deleitar a nuestros clientes.

3. **Podemos reducir la deuda técnica general.** La desafortunada realidad es que muchas organizaciones luchan con cargas de deuda técnica significativas, como discutimos anteriormente. Al elegir reutilizar los activos existentes e invertir en reducir la deuda técnica en la que nos encontramos al hacerlo, poco a poco saldremos de la trampa de la deuda técnica en la que nos encontramos.

4. **Podemos proporcionar un mayor valor más rápidamente.** El aumento de la reutilización nos permite centrarnos en implementar nuevas funciones para deleitar a nuestros clientes en lugar de simplemente reinventar lo que ya les estamos ofreciendo. Al reducir la deuda técnica, aumentamos la calidad subyacente de la infraestructura sobre la que estamos construyendo, lo que nos permite ofrecer nuevas funciones más rápidamente.

5. **Podemos apoyar a los demás.** Al igual que nuestro equipo colabora y aprende de otros equipos, también esos otros equipos colaboran y aprenden de nosotros. A nivel organizacional, podemos mejorar esto a través de la creación de centros de excelencia (CoE) y comunidades de práctica (CoP) para capturar y compartir aprendizajes en toda la organización [CoE; CoP].

Y algunas otras grandes filosofías

He aquí algunas filosofías que hemos visto funcionar bien en la práctica para los agilistas disciplinados:

1. **Si es difícil, hágalo más a menudo.** ¿Cree que las pruebas de integración del sistema (SIT) son difíciles? En lugar de posponerlas hasta el final del ciclo de vida, como hacen los tradicionalistas, encuentre una manera de hacerlo en cada iteración. Entonces encuentre una manera de hacerlo todos los días. Hacer las cosas difíciles con más frecuencia nos obliga a encontrar formas, a menudo a través de la automatización, para hacerlas más fáciles.

2. **Si le produce miedo, hágalo más a menudo.** ¿Tenemos miedo de hacer evolucionar una cierta parte del código? ¿Tenemos miedo de obtener retroalimentación de los interesados porque pueden cambiar de opinión? Entonces hagámoslo más a menudo y encontremos maneras de superar lo que tememos. Encuentre maneras de evitar los resultados negativos, o de volverlos positivos. Arregle ese código. Haga que sea más fácil evolucionar nuestra solución. Ayude a esos interesados a comprender las implicaciones de las decisiones que están tomando.

3. **Siga preguntándose el por qué.** Para entender verdaderamente algo, necesitamos preguntarnos por qué sucedió, por qué funciona de esa manera o por qué es importante para los demás. Entonces pregunte por qué otra vez, y otra vez, y una vez más. Toyota llama a esta práctica análisis de cinco porqués [Liker], pero considere al cinco como un número mágico. Seguimos preguntando por qué hasta que lleguemos a la causa raíz.

4. **Aprenda algo todos los días.** Los agilistas disciplinados se esfuerzan por aprender algo todos los días. Tal vez sea algo sobre el dominio en el que están trabajando. Tal vez sea algo sobre las tecnologías, o algo sobre sus herramientas. Tal vez es una nueva práctica, o una nueva forma de realizar una práctica. Existen muchas oportunidades de aprendizaje ante nosotros. Tómelas.

En Resumen

¿Cómo podemos resumir la mentalidad de Disciplined Agile? Simon Powers resume la mentalidad en términos de tres creencias centrales [Powers]. Estas creencias son:

1. **La creencia en la complejidad.** Muchos de los problemas a los que nos enfrentamos son problemas de adaptación complejos, lo que significa que al tratar de resolver estos problemas cambiamos la naturaleza de los problemas en sí.

2. **La creencia en la gente.** Las personas son tanto independientes como dependientes de sus equipos y organizaciones. Los seres humanos son interdependientes. Si existe el entorno adecuado (seguridad, respeto, diversidad e inclusión) y un propósito motivador, es posible que surjan la confianza y la auto-organización. Para que esto suceda, es necesario tratar a todos con una consideración positiva incondicional.

3. **La creencia proactiva.** La proactividad se encuentra en la búsqueda incansable de la mejora.

Encontramos que estas creencias son convincentes. En muchos sentidos, resumen las motivaciones fundamentales detrás de por qué necesitamos elegir nuestro WoW. Debido a que nos enfrentamos a un contexto único, necesitamos adaptar nuestro WoW, y al hacerlo, cambiamos la situación que enfrentamos, la cual también requiere que aprendamos y evolucionemos nuestro WoW. La creencia en la gente nos motiva a encontrar un WoW que nos permita trabajar juntos de manera efectiva y segura, y la creencia proactiva refleja la idea de que debemos aprender y mejorar continuamente.

La mentalidad es solo el comienzo

La mentalidad Disciplined Agile proporciona una base sólida a partir de la cual nuestra organización puede volverse ágil, pero constituye solo un fundamento. Nuestro temor es que demasiados coaches inexpertos se estén volviendo ágiles, con la esperanza de centrarse en los conceptos resumidos en este capítulo. Es un buen comienzo, pero en la práctica no sirve para hacer el trabajo. No es suficiente "ser ágil", también necesitamos saber cómo "hacer ágil" Es maravilloso que alguien quiera trabajar de forma colaborativa y respetuosa, pero si no sabe realmente cómo hacer el trabajo, no se va a conseguir mucho. El desarrollo de software y, lo que es más importante, la entrega de soluciones son complejos —necesitamos saber lo que estamos haciendo.

Capítulo 3

Disciplined Agile Delivery (DAD), en pocas palabras

La disciplina es hacer lo que sabemos que debemos hacer, incluso
si no queremos hacerlo. —Autor desconocido

Puntos clave en este capítulo

- DAD es la parte de entrega del kit de herramientas de Disciplined Agile (DA); no es solo otra metodología.
- Si está utilizando Scrum, XP o Kanban, ya está utilizando variaciones de un subconjunto de DAD.
- DAD proporciona seis ciclos de vida para elegir; no prescribe una sola forma de trabajar. La elección es buena.
- DAD aborda las preocupaciones clave de la empresa.
- DAD hace el trabajo pesado del proceso para que usted no tenga que hacerlo.
- DAD muestra cómo funciona el desarrollo Ágil de principio a fin.
- DAD proporciona una base flexible a partir de la cual escalar tácticamente los métodos convencionales.
- Es fácil empezar a trabajar con DAD.
- Puede comenzar con su WoW existente y luego aplicar DAD para mejorarlo gradualmente. No es necesario hacer un cambio arriesgado "big bang".

Muchas organizaciones comienzan su viaje ágil adoptando Scrum porque describe una buena estrategia para liderar equipos de software ágiles. Sin embargo, Scrum es una parte muy pequeña de lo que se requiere para ofrecer soluciones sofisticadas a sus interesados. Invariablemente, los equipos deben buscar otros métodos para llenar los vacíos del proceso que Scrum ignora a propósito, y Scrum resulta muy claro sobre esto. Al considerar otros métodos, existe una considerable superposición y terminología conflictiva que puede ser confusa para los profesionales, así como para los interesados externos. Peor aún, las personas no siempre saben dónde buscar consejos o incluso no saben qué problemas necesitan tomar en consideración.

Para abordar estos desafíos, Disciplined Agile Delivery (DAD) proporciona un enfoque más coherente para la entrega de soluciones con agilidad. DAD es un enfoque Ágil híbrido, orientado al aprendizaje y a las personas para la entrega de soluciones de TI. Estos son los aspectos críticos de DAD:

1. **Primero las personas.** Las personas, y la forma en que trabajamos juntos, son los principales determinantes del éxito de un equipo de entrega de soluciones. DAD apoya un conjunto sólido de roles, derechos y responsabilidades que se puede adaptar para satisfacer las necesidades de su situación.
2. **Híbrido.** DAD es un kit de herramientas híbrido que pone en contexto grandes ideas provenientes de Scrum, SAFe, Spotify, Agile Modeling (AM), Extreme Programming (XP), Unified Process (UP), Kanban, Desarrollo Lean de software y varios otros métodos.
3. **Ciclo de vida completo de la entrega.** DAD aborda el ciclo de vida completo de la entrega, desde la iniciación del equipo hasta la entrega de una solución a los usuarios finales.
4. **Compatibilidad con múltiples ciclos de vida.** DAD apoya las versiones Ágil, Lean, de entrega continua, exploratorias y de grandes equipos del ciclo de vida. DAD no prescribe un único ciclo de vida porque reconoce que un enfoque de proceso particular no sirve para todo. El Capítulo 6 explora los ciclos de vida con mayor detalle, proporcionando consejos para seleccionar el adecuado para comenzar y luego cómo evolucionar de uno a otro a lo largo del tiempo.
5. **Completo.** DAD muestra cómo el desarrollo, el modelado, la arquitectura, la gestión, los requisitos/resultados, la documentación, la gobernanza y otras estrategias encajan en un todo simplificado. DAD se encarga del "trabajo pesado del proceso" que otros métodos dejan en sus manos.
6. **Sensible al contexto.** DAD promueve lo que llamamos un enfoque impulsado por metas o por resultados. Al hacerlo, DAD proporciona una guía contextual con respecto a las alternativas viables y sus compensaciones, lo que le permite personalizarla para abordar de manera efectiva la situación en la que se encuentra. Al describir lo que funciona, lo que no funciona y, lo que es más importante, el por qué, DAD le ayuda a aumentar su probabilidad de adoptar estrategias que le funcionen y hacerlo de manera simplificada. Recuerde el principio DA: El contexto importa.
7. **Soluciones consumibles sobre software que trabaje.** El software potencialmente funcional es un buen comienzo, pero lo que realmente necesitamos son soluciones consumibles que deleiten a nuestros clientes.
8. **Auto-organización con la gobernanza apropiada.** Los equipos Ágil y Lean se auto-organizan, lo que significa que las personas que hacen el trabajo son las que lo planifican y lo evalúan. Pero eso no significa que puedan hacer lo que quieran. Todavía deben trabajar de una manera consciente de la empresa que refleje las prioridades de su organización, y para hacerlo tendrán que ser dirigidos adecuadamente por el personal directivo sénior. La meta del proceso *Dirigir al equipo* describe las opciones para hacer exactamente eso.

Este capítulo proporciona una breve descripción general de DAD, apareciendo los detalles en capítulos posteriores.

¿Qué hay de nuevo en DAD?

Para los profesionales de DAD existentes, hay varios cambios emocionantes que verán en este libro en comparación con *Disciplined Agile Delivery: A Practitioner 's Guide to Agile Software Delivery in the Enterprise* [AmblerLines2012]. Hemos hecho estos cambios basados en nuestro trabajo en docenas de organizaciones en todo el mundo y, lo que es más importante, en la información que hemos recibido de una multitud de profesionales. Estos cambios son:

1. **Las metas del proceso han sido refactorizadas.** En los últimos años, hemos cambiado el nombre de algunas metas, introducido una nueva y combinado dos pares de metas. Creemos que esto hará que las mismas sean más comprensibles.
2. **Todas las metas han sido actualizadas.** Hemos aprendido mucho en los últimos años, han aparecido muchas técnicas excelentes y hemos aplicado técnicas más antiguas en situaciones nuevas. Hemos estado publicando actualizaciones en línea de las metas en PMI.org/disciplined-agile y en nuestros cursos, pero esta es la primera vez que hemos captado todas las actualizaciones en forma impresa.
3. **Todas las metas están captadas visualmente.** Este es el primer libro que captura todos los diagramas de metas de DAD. Presentamos los diagramas de metas después de que saliera el libro original de 2012.
4. **Ciclos de vida nuevos y actualizados.** Hemos introducido explícitamente el ciclo de vida del Programa (lo habíamos descrito anteriormente en términos de estructura de equipo) y el ciclo de vida exploratorio. También hemos introducido versiones Ágil y Lean de lo que solíamos llamar el ciclo de vida de la Entrega continua.
5. **Consejos para aplicar el kit de herramientas en la práctica.** Una gran diferencia que verá en este libro es mucho más asesoramiento sobre cómo aplicar DA en la práctica. Este consejo refleja los años adicionales de trabajo con organizaciones de todo el mundo con el fin de adoptar estrategias de Disciplined Agile.

Primero las personas: roles, derechos y responsabilidades

El Gráfico 3.1 muestra los roles potenciales que las personas desempeñarán en los equipos de DAD, y el Capítulo 4 los describe en detalle. Los roles están organizados en dos categorías: los roles principales que determinamos como críticos para el éxito de cualquier equipo Ágil y los roles de apoyo que aparecen según sea necesario.

Líder del equipo

Dueño del producto

Miembro del equipo

Dueño de la arquitectura

Roles del equipo

Interesado

Roles principales

Especialista

Tester independiente

Experto de dominio

Experto técnico

Integrador

Roles de apoyo

Gráfico 3.1 Posibles roles en los equipos de DAD.

Los roles principales son:

- **Líder del equipo.** Esta persona lidera el equipo, ayudándolo a ser exitoso. Este puede ser un Scrum Master sénior, un director de proyecto o un director funcional.
- **Dueño del producto (PO)** Un dueño del producto es responsable de trabajar con los interesados para identificar el trabajo a realizar, priorizar ese trabajo, auxiliar al equipo para comprender las necesidades de los interesados y ayudar al equipo a interactuar de manera efectiva con los interesados [ScrumGuide].
- **Dueño de la arquitectura (AO).** Un dueño de la arquitectura guía al equipo a través de las decisiones de arquitectura y diseño, y lo hace trabajando en estrecha colaboración con el líder del equipo y el dueño del producto [AgileModeling].
- **Miembro del equipo.** Los miembros del equipo trabajan en conjunto para producir la solución. Idealmente, los miembros del equipo son especialistas generalizados o trabajan para llegar a serlo; a menudo se los denomina personas polivalentes. Un especialista generalizado es alguien con una o más especialidades (como pruebas, análisis, programación, etc.) y un amplio conocimiento de la entrega de soluciones y el dominio en el que está trabajando [GenSpec].
- **Interesado.** Un interesado es alguien que se verá afectado por el trabajo del equipo, incluidos, entre otros, los usuarios finales, los ingenieros de soporte, el personal de operaciones, el personal financiero, los auditores, los arquitectos empresariales y el personal directivo sénior. Algunos métodos Ágiles llaman a este rol "cliente".

Los roles de soporte son:

- **Especialista.** Aunque la mayoría de los miembros del equipo serán especialistas generalizados, o al menos se esforzarán por serlo, a veces tenemos especialistas en los equipos cuando se los requiere. Los expertos en experiencia del usuario (UX) y los expertos en seguridad son especialistas que pueden existir en un equipo cuando se presenta un desarrollo significativo de interfaz de usuario (UI) o preocupaciones sobre seguridad, respectivamente. A veces se necesitan analistas de negocios para ayudar a los dueños del producto a lidiar con un dominio complejo o con interesados distribuidos geográficamente. Además, los roles de otras partes del kit de herramientas DA, como arquitectos empresariales, gerentes de portafolio, ingenieros de reutilización, ingenieros de operaciones y otros, se consideran especialistas desde el punto de vista de DAD.
- **Tester independiente.** Aunque la mayoría del testing, si no todo, debe ser realizado por el equipo, puede existir la necesidad de un equipo de testing independiente a escala. Los escenarios comunes que requieren testers en pruebas independientes incluyen: cumplimiento regulatorio que requiere que algunas pruebas sean realizadas fuera del equipo, y un programa de gran tamaño (un equipo de equipos) que trabaja sobre una solución compleja que presenta desafíos de integración significativos.

- **Experto de dominio.** Un experto de dominio, a veces llamado experto en la materia (SME), es alguien con un profundo conocimiento en un dominio o espacio problemático determinados. A menudo cooperan con el equipo o los dueños del producto para compartir su conocimiento y experiencia.
- **Experto técnico.** Se trata de alguien con una profunda pericia técnica que trabaja con el equipo por un corto tiempo para ayudarle a superar un desafío técnico específico. Por ejemplo, un administrador de base de datos (DBA) operativo puede trabajar con el equipo para ayudarles a establecer, configurar y aprender los fundamentos de una base de datos.
- **Integrador.** También llamado integrador de sistemas, a menudo presta soporte a testers independientes que necesitan realizar pruebas de integración del sistema (SIT) de una solución compleja o una colección de soluciones.

Todos en los equipos ágiles tienen derechos y responsabilidades. Todo el mundo. Por ejemplo, todos tienen derecho a que se les respete, pero también tienen la responsabilidad de respetar a los demás. Además, cada rol en un equipo de ágil tiene responsabilidades adicionales específicas que deben cumplir. Los derechos y responsabilidades también se cubren en detalle en el Capítulo 4.

Un híbrido de grandes ideas

Nos gusta decir que DAD hace el trabajo pesado para que usted no tenga que hacerlo. Lo que queremos decir con eso es que hemos extraído los diversos métodos, marcos de referencia y otras fuentes para identificar posibles prácticas y estrategias que su equipo puede querer experimentar y adoptar. Ponemos estas técnicas en contexto, explorando conceptos fundamentales como cuáles son las ventajas y desventajas de la técnica, cuándo se aplicaría la misma, cuándo no se aplicaría y en qué medida se la aplicaría. Las respuestas a estas preguntas son críticas cuando un equipo está eligiendo su WoW.

El Gráfico 3.2 indica algunas de las metodologías y marcos de referencia que hemos extraído para las técnicas. Por ejemplo, XP es la fuente de prácticas técnicas como el desarrollo guiado por pruebas (TDD), la refactorización y la programación en pareja, por mencionar algunas. Scrum es la fuente de estrategias como los trabajos pendientes asociados al producto, la planificación de sprints/iteraciones, las reuniones de coordinación diarias y mucho más. El modelado Ágil nos proporciona una tormenta de ideas sobre modelos, una visión inicial de la arquitectura, una documentación continua y una participación activa de los interesados. Cuando estos métodos entran en detalles sobre estas técnicas individuales, el enfoque DAD, y DA en general, es ponerlos en contexto y ayudar a elegir la estrategia correcta en el momento adecuado.

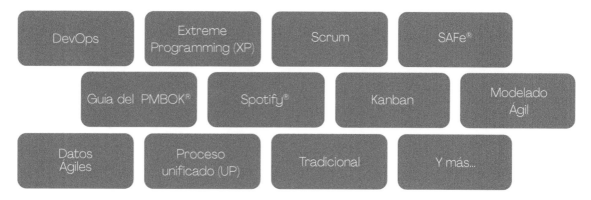

Disciplined Agile® (DA™)

Gráfico 3.2 DAD es un híbrido agnóstico de grandes ideas.

La elección es buena: Metas del proceso

DAD incluye una colección de 24 metas del proceso o, si le parece mejor, resultados del proceso como lo muestra el Gráfico 3.3. Cada meta se describe como una colección de puntos de decisión, incidentes que su equipo necesita determinar si necesitan abordarlos y, de ser así, cómo lo harán. Las posibles prácticas/estrategias para abordar un punto de decisión, que pueden combinarse en muchos casos, se presentan como listas. Los diagramas de metas, de los cuales se presenta un ejemplo en el Gráfico 3.4, conceptualmente son similares a los mapas mentales, aunque con la extensión de la flecha para representar la efectividad relativa de las opciones en algunos casos. Los diagramas de metas son, en efecto, guías sencillas para ayudar a un equipo a elegir las mejores estrategias que pueden realizar en este momento dadas sus habilidades, cultura y situación. El Capítulo 5 explora el enfoque DAD impulsado por metas y el Navegador de Disciplined Agile [DABrowser] proporciona detalles de apoyo.

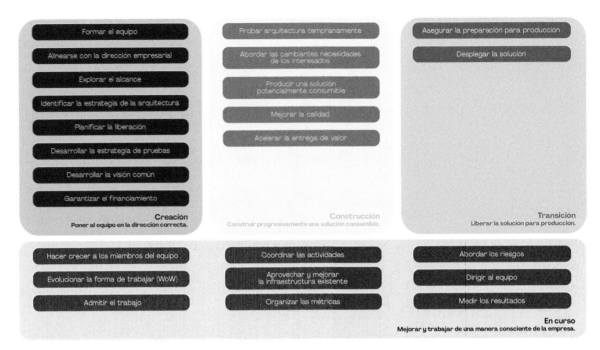

Gráfico 3.3 Las metas del proceso DAD.

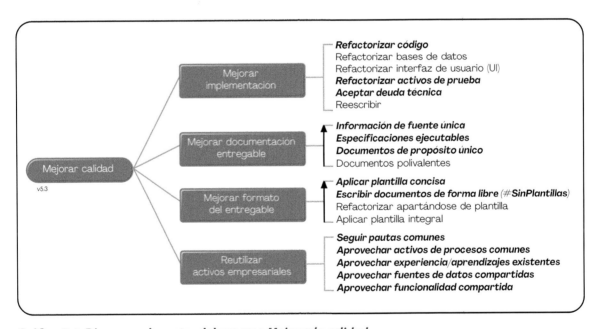

Gráfico 3.4 Diagrama de metas del proceso *Mejorar la calidad*.

La elección es buena: soporte para múltiples ciclos de vida

Los ciclos de vida imponen un orden a las actividades que realiza un equipo para construir una solución. En efecto, organizan las técnicas que aplicamos para hacer el trabajo. Debido a que los equipos de entrega de soluciones se encuentran en una variedad de situaciones diferentes, deben ser capaces de elegir un ciclo de vida que se adapte mejor al contexto que enfrentan. En el Gráfico 3.5 se puede ver que DAD es compatible con seis ciclos de vida:

1. **Ágil.** Se trata de un ciclo de vida basado en Scrum para proyectos de entrega de soluciones.
2. **Lean.** Se trata de un ciclo de vida basado en Kanban para proyectos de entrega de soluciones.
3. **Entrega continua: Ágil.** Se trata de un ciclo de vida basado en Scrum para equipos de larga duración.
4. **Entrega continua: Lean.** Se trata de un ciclo de vida basado en Kanban para equipos de extensa duración.
5. **Exploratorio.** Se trata de un ciclo de vida basado en Lean Startup para realizar experimentos con clientes potenciales con el fin de descubrir lo que realmente quieren. Este ciclo de vida apoya un enfoque de design thinking, como se describe en el Capítulo 2.
6. **Programa.** Se trata de un ciclo de vida para un equipo de equipos Ágiles o Lean.

El Capítulo 6 describe los seis ciclos de vida de DAD en detalle, así como el ciclo de vida tradicional, y proporciona consejos sobre cuándo elegir cada uno.

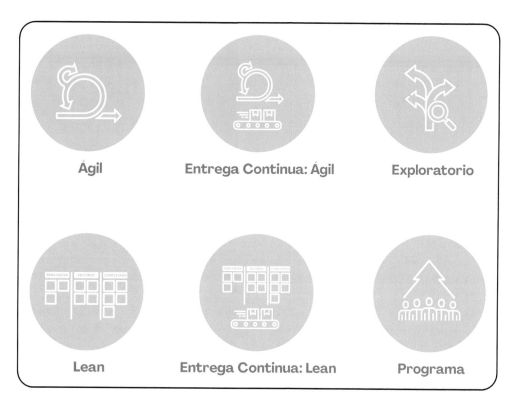

Gráfico 3.5 DAD presta soporte a seis ciclos de vida.

Soluciones consumibles sobre software que trabaje

El Manifiesto Ágil sugiere que midamos el progreso basado en el "software que funcione". ¿Pero qué pasa si el cliente no quiere usarlo? ¿Y si no les gusta usarlo? Desde un punto de vista de design thinking, está claro que "funcionar" no es suficiente. En cambio, necesitamos entregar algo que sea consumible:

- **Funciona.** Lo que producimos debe ser funcional y proporcionar los resultados que nuestros interesados esperan.
- **Es utilizable.** Nuestra solución debería funcionar bien, con una experiencia de usuario (UX) bien diseñada.
- **Es deseable.** La gente debería querer trabajar con nuestra solución, y mejor aún, sentir la necesidad de trabajar con ella y, cuando corresponda, pagarnos por ella. Como recomienda el primer principio de Disciplined Agile, nuestra solución debe deleitar a nuestros clientes, no solo satisfacerlos.

Además, lo que producimos no es solo software, sino que es una solución completa que puede incluir mejoras en cuanto a:

- **Software.** El software es una parte importante, pero solo una parte, de nuestra solución general.
- **Hardware.** Nuestras soluciones se ejecutan sobre hardware, y a veces necesitamos evolucionar o mejorar ese hardware.
- **Procesos empresariales.** A menudo mejoramos los procesos comerciales en torno al uso del sistema que producimos.
- **Estructura organizacional.** A veces la estructura organizativa de los usuarios finales de nuestros sistemas evoluciona para reflejar los cambios en la funcionalidad apoyada por la misma.
- **Documentación de apoyo.** La documentación que se puede entregar, como los resúmenes técnicos y los manuales/ayudas para el usuario, a menudo es un aspecto clave de nuestras soluciones.

Terminología DAD

La Tabla 3.1 traduce los términos comunes de DAD a los términos equivalentes en otros enfoques. Hay varias observaciones importantes que nos gustaría hacer sobre la terminología:

1. **No existe una terminología Ágil estándar.** No existe un estándar ISO de la industria para Ágil e, incluso si lo hubiera, es muy probable que los practicantes de Ágil lo ignoraran.
2. **La terminología de Scrum es cuestionable en el mejor de los casos.** Cuando Scrum fue desarrollado por primera vez en la década de 1990, sus creadores decidieron deliberadamente elegir una terminología inusual, con parte de ella adoptada del juego de rugby, para indicar a la gente que era diferente. Eso está perfectamente bien, pero dado que DA es un híbrido, no podemos limitarlo a aplicar términos arbitrarios.
3. **Los términos son importantes.** Creemos que los términos deben ser claros. Se necesita explicar qué es una reunión de Scrum, y que no es una reunión de estatus, mientras que queda bastante claro qué es una reunión de coordinación. Nadie hace sprints al correr una maratón.

4. **Elija los términos que más le gusten.** Habiendo dicho todo esto, DAD no prescribe terminología, así que si quiere usar términos como sprint, reunión de Scrum o Scrum master, entonces siga adelante.
5. **Algunos mapeos son tenues.** Una cosa importante a señalar es que los términos no se mapean perfectamente. Por ejemplo, sabemos que hay diferencias entre los facilitadores, los Scrum Masters y los directores de proyectos, pero esas diferencias no son pertinentes para esta discusión.

Tabla 3.1: Mapeo de algunas de las variantes de la terminología en la comunidad de Ágil

DAD	Scrum	Spotify	XP	SAFe®	Tradicional
Dueño de la arquitectura	-	-	Coach	Arquitecto de soluciones	Arquitecto de soluciones
Reunión de coordinación	Reunión diaria de pie (daily standup)	Mantenerse juntos	-	Reunión diaria de pie (daily standup)	Reunión de estatus
Experto de dominio	-	Cliente	Cliente	Dueño del producto	Experto en la materia (SME)
Iteración	Sprint	Sprint	Iteración	Iteración	Período de tiempo preestablecido
Dueño del producto	Dueño del producto	Dueño del producto	Representante del cliente	Dueño del producto	Comité de control de cambios (CCB)
Interesado	-	Cliente	Cliente	Cliente	Interesado
Equipo	Equipo	Escuadrón, tribu	Equipo	Equipo	Equipo
Líder del equipo	Scrum Master.	Coach de Ágil	Coach	Scrum Master.	Director de proyecto

El contexto importa: DAD proporciona la base para escalar Ágil tácticamente

Disciplined Agile (DA) distingue entre dos tipos de "agilidad a escala":

1. **Agilidad táctica a escala.** Esta es la aplicación de estrategias Ágiles y Lean en equipos de DAD individuales. El objetivo es aplicar Ágil profundamente para abordar todas las complejidades, lo que llamamos factores de escala, de manera apropiada.
2. **Agilidad estratégica a escala.** Esta es la aplicación de estrategias Ágiles y Lean ampliamente a lo largo de la organización. Esto incluye a todas las divisiones y equipos dentro de su organización, no solo a sus equipos de desarrollo de software.

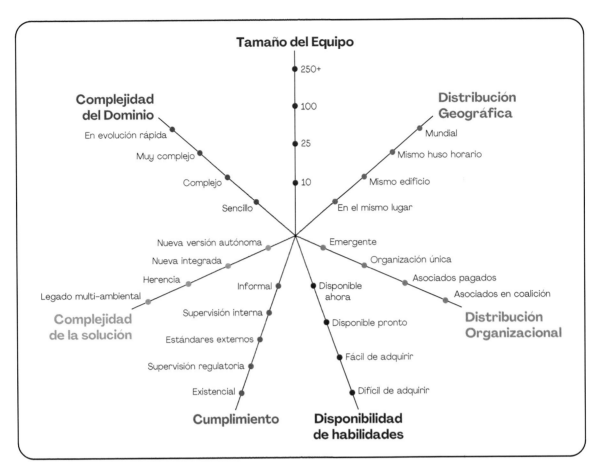

Gráfico 3.6   Factores de escala tácticos.

Examinemos lo que significa escalar tácticamente la entrega de soluciones Ágiles. Cuando muchas personas escuchan "escalar", a menudo piensan en grandes equipos que pueden estar distribuidos geográficamente de alguna manera. Está claro que esto ocurre, y que la gente está teniendo éxito en la aplicación de Ágil en este tipo de situaciones, pero a menudo al escalar hay más que esto. Las organizaciones también están aplicando Ágil en situaciones de cumplimiento, ya sea el cumplimiento normativo que se les impone, como Insurance Portability and Accountability Act (HIPAA) (Ley de Portabilidad y Responsabilidad del Seguro Médico); Personal Information Protection and Electronic Documents Act (PIPEDA) (Ley de Protección de la Información Personal y Documentos Electrónicos); o el Reglamento General de Protección de Datos (GDPR), o el cumplimiento auto-seleccionado, como Capability Maturity Model Integration (CMMI) [CMMI] (Integración del Modelo de Madurez de Capacidad); la Organización Internacional para la Normalización (ISO); y la Biblioteca de Infraestructura de Tecnología de la Información (Information Technology Infrastructure Library, ITIL). También están aplicando Ágil a una serie de complejidades técnicas y de dominio, incluso cuando múltiples organizaciones están involucradas (como en la subcontratación). El Gráfico 3.6 resume los posibles factores de escala táctica que debe considerar al personalizar su estrategia Ágil. Estos factores de escala son un subconjunto de los factores descritos en el Situation Context Framework (SCF) (Marco de referencia del Contexto de la Situación) en el Capítulo 2 [SCF]. Cuanto más lejos esté en cada escala, mayor será el riesgo al que se enfrente.

DAD proporciona una base sólida para escalar tácticamente Ágil de varias maneras:

- DAD promueve un ciclo de vida de valor de riesgo en el que los equipos acometen tempranamente el trabajo más arriesgado para ayudar a eliminar parte o la totalidad del riesgo, aumentando así las posibilidades de éxito. A algunas personas les gusta referirse a esto como un aspecto de "fallar rápido", aunque nos gusta ponerlo en términos de aprender rápido o, mejor aún, tener éxito prontamente.
- DAD promueve la auto-organización mejorada con una gobernanza efectiva, basada en la observación de que los equipos Ágiles trabajan dentro del alcance y las limitaciones de un ecosistema organizacional más grande. Como resultado, DAD recomienda que se adopte una estrategia de gobernanza efectiva que guíe y habilite a los equipos Ágiles.
- DAD promueve la entrega de soluciones consumibles en vez de solo la construcción de software que funcione.
- DAD promueve la conciencia empresarial en vez de la conciencia del equipo (este es un principio fundamental de DA, como se debate en el Capítulo 2). Lo que queremos decir con esto es que el equipo debe hacer lo que es correcto para la organización –trabajar para alcanzar una visión común– aprovechar los sistemas y fuentes de datos heredados existentes y seguir pautas comunes, y no solo hacer lo que resulta conveniente o divertido para ellos.
- DAD es sensible al contexto e impulsado por metas; no es prescriptivo (otro principio de DA es que la elección es buena). Un enfoque de proceso no se ajusta a todo, y los equipos de DAD tienen autonomía para elegir y evolucionar su WoW.

Es fácil empezar a trabajar con DAD

Nos gustaría compartir varias estrategias que hemos visto aplicadas para que las personas, los equipos y las organizaciones comiencen con DAD:

1. **Lea este libro.** Una buena manera para que las personas comiencen es leer este libro.
2. **Tome la capacitación.** Incluso después de leer este libro, es probable que se beneficie de la capacitación, ya que le ayudará a completar sus conocimientos. En algún momento esperamos que elija obtener una certificación en Disciplined Agile.
3. **Comience con un método/marco de referencia prescrito, luego salga de la "prisión del método".** Los equipos pueden optar por comenzar con un método existente, como Scrum o SAFe, y luego aplicar las estrategias descritas en este libro para evolucionar su WoW a partir de allí.
4. **Comience con DAD.** Creemos que es más fácil comenzar con DAD para empezar y, por lo tanto, evitar toparse con las limitaciones de los métodos prescriptivos.
5. **Trabaje con un coach de Ágil experimentado.** Le sugerimos que vincule a un Disciplined Agile Coach (DAC)™ para que lo guíe a través de la aplicación del kit de herramientas de DA.

La adopción organizacional de Disciplined Agile tomará tiempo, posiblemente años, cuando decida prestar soporte a los WoW Ágiles en todos los aspectos de su organización. Transformaciones Ágiles como esta, que evolucionan en esfuerzos de mejora continua a nivel organizacional, son los temas de los Capítulos 7 y 8 de nuestro libro, *An Executive 's Guide to Disciplined Agile* [AmblerLines2017].

En resumen

Disciplined Agile Delivery (DAD) proporciona un enfoque pragmático para abordar las situaciones únicas en las que se encuentran los equipos de entrega de soluciones. DAD aborda explícitamente los problemas que enfrentan los equipos Ágiles de la empresa que muchas metodologías Ágiles prefieren pasar por alto. Esto incluye cómo iniciar con éxito equipos Ágiles de una manera simplificada, cómo la arquitectura encaja en el ciclo de vida Ágil, cómo abordar la documentación de manera efectiva, cómo abordar los problemas de calidad en un entorno empresarial, cómo se aplican las técnicas de análisis Ágil para abordar la gran cantidad de preocupaciones de los interesados, cómo gobernar equipos Ágiles y Lean, y muchos más aspectos críticos.

En este capítulo, usted ha aprendido que:

- DAD es la parte relativa a la entrega de Disciplined Agile (DA).
- Si está utilizando Scrum, XP o Kanban, ya está utilizando variaciones de un subconjunto de DAD.
- Puede comenzar con su WoW existente y luego aplicar DAD para mejorarla gradualmente. No es necesario hacer un cambio arriesgado "big bang".
- DAD proporciona seis ciclos de vida para elegir; no prescribe un único enfoque, brindándole opciones sólidas en las que basar su WoW.
- DAD aborda las preocupaciones clave de la empresa y muestra cómo hacerlo de una manera sensible al contexto.
- DAD hace el trabajo pesado para que usted no tenga que hacerlo.
- DAD muestra cómo funciona el desarrollo Ágil de principio a fin.
- DAD proporciona una base flexible a partir de la cual escalar tácticamente los métodos convencionales.
- Es fácil comenzar con DAD, y hay múltiples caminos para hacerlo.

Capítulo 4

Roles, derechos y responsabilidades

Solos podemos hacer muy poco, juntos podemos hacer mucho. —Helen Keller

Puntos clave en este capítulo

- DAD sugiere que hay cinco roles principales: líder del equipo, dueño del producto, miembro del equipo, dueño de la arquitectura e interesado.

- El dueño de la arquitectura es el líder técnico del equipo y representa los intereses de la arquitectura de la organización.

- El papel de interesado de DAD reconoce que necesitamos deleitar a todos los interesados, no solo a nuestros clientes.

- En muchas situaciones, los equipos dependerán de las personas en los roles de apoyo –especialistas, expertos de dominio, expertos técnicos, testers independientes o integradores– según corresponda y según sea necesario.

- Los roles de DAD están destinados a ser, como todo lo demás, un punto de partida sugerido. Es posible que tenga razones válidas para adaptar los roles a su organización.

Este capítulo explora los derechos y responsabilidades potenciales de las personas involucradas con los equipos de Disciplined Agile Delivery (DAD), y los roles que pueden elegir asumir [DADRoles]. Decimos potencial porque es posible que descubra que necesita adaptar estas ideas para que se ajusten al entorno cultural de su organización. Sin embargo, nuestra experiencia es que entre más se desvíe de los consejos que proporcionamos a continuación, mayor será el riesgo que asumirá. Esfuércese por hacer lo mejor que pueda en la situación que enfrenta y aspire a mejorar con el tiempo. Comencemos con los derechos y responsabilidades generales.

Derechos y responsabilidades

Convertirse en Ágil requiere un cambio de cultura dentro de su organización y todas las culturas tienen reglas, algunas explícitas y otras implícitas, para que todos entiendan el comportamiento que se espera de ellos. Una forma de definir el comportamiento esperado es negociar los derechos y responsabilidades que tienen las personas. Curiosamente, se produjo una gran cantidad de buenas ideas sobre este tema en el método de Extreme Programming (XP), ideas que hemos desarrollado para Disciplined Agile (DA) [RightsResponsibilities]. Las siguientes listas de derechos y responsabilidades potenciales están destinadas a actuar como un posible punto de partida para su equipo.

Como miembros del equipo de Ágil, tenemos derecho a:

- Ser tratados con respeto.
- Trabajar en un "entorno seguro".
- Producir y recibir trabajo de calidad basado en estándares acordados.
- Elegir y desarrollar nuestra forma de trabajar (WoW).
- Auto-organizar y planificar nuestro trabajo, registrándonos para las tareas en las que trabajaremos.
- Hacerse dueño del proceso de estimación —las personas que hacen el trabajo son las que lo estiman.
- Determinar cómo trabajará el equipo en conjunto —las personas que hacen el trabajo son las que planifican el trabajo.
- Recibir decisiones e información de buena fe de manera oportuna.

Para citar mal al tío Ben Parker, junto con grandes derechos llegan grandes responsabilidades. Los miembros del equipo de Ágil tienen la responsabilidad de:

- Optimizar nuestro WoW.
- Estar dispuestos a colaborar ampliamente dentro de nuestro equipo.
- Compartir toda la información, incluido el "trabajo en proceso".
- Realizar coaching a otros en nuestras habilidades y experiencia.
- Ampliar nuestros conocimientos y habilidades fuera de nuestra especialidad.
- Validar nuestro trabajo lo más pronto posible, trabajando con otros para llevarlo a cabo.
- Asistir a las reuniones de coordinación en persona o por otros medios si no se está coubicado.
- Buscar proactivamente formas de mejorar el desempeño del equipo.
- Para los equipos que siguen un ciclo de vida Ágil (consulte el Capítulo 6), evitar aceptar trabajo fuera de la iteración actual sin el consentimiento del equipo.
- Hacer que todo el trabajo sea visible en todo momento, generalmente a través de un tablero de tareas, para que el trabajo y la capacidad actuales del equipo resulten transparentes.

Gráfico 4.1 Roles potenciales de DAD.

Roles potenciales

DAD proporciona un conjunto de cinco roles principales "listos para usar", tres de los cuales son similares a los de Scrum. Como puede ver en el Gráfico 4.1, DAD tiene un líder de equipo (tal como un Scrum Master sénior o un director de proyecto), un *dueño del producto* y un miembro del equipo. DAD añade al interesado (una extensión del cliente) y un rol que hemos visto como extremadamente valioso en entornos empresariales, el del dueño de la arquitectura. Idealmente, tenemos un "equipo completo", dentro del que tenemos todas las habilidades necesarias para hacer el trabajo. Sin embargo, aunque no es ideal, en situaciones no triviales es común requerir habilidades fuera del equipo y, como tal, DAD incluye un conjunto de roles de apoyo que pueden unirse al equipo según sea necesario.

Para empezar, exploremos los roles principales.

Interesado

Un interesado es alguien que se ve materialmente afectado por el resultado de la solución. En este sentido, el interesado es claramente más que un usuario final o un cliente. Un interesado podría ser un:

- Usuario directo;
- Usuario indirecto;
- Gerente de usuarios;
- Líder sénior;
- Miembro del personal de operaciones;
- El "dueño del oro" que financia al equipo;
- Miembro de personal de apoyo (mesa de ayuda);
- Auditor;
- Director de programa/portafolio;
- Desarrollador que trabaja en otras soluciones que se integran o interactúan con las nuestras;
- Profesional de mantenimiento potencialmente afectado por el desarrollo y/o la implementación de una solución basada en software; o
- Muchos más roles.

Dueño del producto

El dueño del producto (PO) es la persona en el equipo que habla como la "única voz del interesado" [ScrumGuide]. Como se puede ver en el Gráfico 4.2, el PO representa las necesidades y deseos de la comunidad de interesados para el equipo de entrega Ágil. Como tal, el dueño del producto aclara cualquier detalle sobre los deseos o requisitos de los interesados para la solución y también es responsable de priorizar el trabajo que realiza el equipo para entregar la solución. Si bien el dueño del producto puede no ser capaz de responder a todas las preguntas, es su responsabilidad rastrear la respuesta de manera oportuna para que el equipo pueda mantenerse enfocado en sus tareas.

Cada equipo de DAD, o subequipo en el caso de programas grandes organizados como un equipo de equipos, tiene un solo dueño del producto. Una meta secundaria para un dueño del producto es representar el trabajo del equipo Ágil frente a la comunidad de interesados. Esto incluye organizar demostraciones de la solución a medida que evoluciona y comunicar el estado del equipo a los interesados clave.

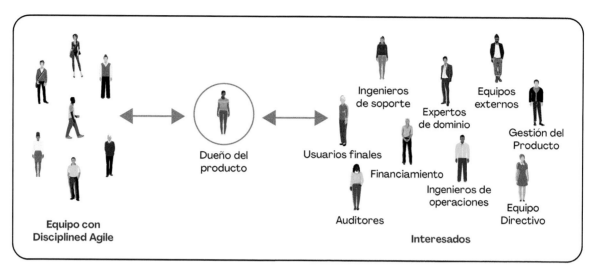

Gráfico 4.2 El dueño del producto como un puente entre el equipo y los interesados.

Como representante de los interesados, el dueño del producto:

- Es la persona a la que se debe acudir para obtener información sobre el dominio;
- Proporciona información y toma decisiones de manera oportuna;
- Prioriza todo el trabajo para el equipo, incluidos, entre otros, los requisitos (tal vez capturados como historias de usuarios), los defectos que se deben corregir, la deuda técnica que se debe pagar, y mucho más (al hacerlo, el dueño del producto tiene en cuenta tanto las necesidades de los interesados como las del equipo);
- Continuamente cambia las prioridades y ajusta el alcance en función de las cambiantes necesidades de los interesados;
- Es un participante activo en el modelado y las pruebas de aceptación;
- Ayuda al equipo a obtener acceso a interesados expertos;
- Acepta el trabajo del equipo como realizado o no realizado;
- Facilita las sesiones de modelado de requisitos, incluida la visualización de requisitos y el modelado anticipado;
- Educa al equipo en el dominio empresarial; y
- Es la puerta de entrada a la financiación.

Al representar el equipo Ágil ante la comunidad de interesados, el dueño del producto:

- Es la cara pública del equipo para los interesados;
- Demuestra la solución a los interesados clave, lo que puede incluir realizar coaching a los miembros del equipo para ejecutar la demostración;
- Anuncia liberaciones (releases);
- Supervisa y comunica el estado del equipo a los interesados, lo que puede incluir educarlos sobre cómo acceder y comprender el tablero de control automatizado del equipo;
- Organiza revisiones de hitos, que deben ser lo más sencillas posible (cubiertas en la meta del proceso *Dirigir al equipo*);
- Educa a los interesados sobre la forma de trabajar del equipo de entrega (WoW); y
- Negocia prioridades, alcance, financiamiento y cronogramas.

Es importante señalar que ser el dueño del producto tiende a ser un trabajo a tiempo completo, e incluso puede requerir ayuda ampliada en dominios complejos. Un desafío común que vemos en las organizaciones donde en Ágil es reciente es que intentan dotar de personal a este rol con alguien a tiempo parcial, básicamente añadiendo el rol de dueño del producto a una persona ya ocupada.

Miembro del equipo

Los miembros del equipo se centran en producir la solución para los interesados. Los miembros del equipo realizarán pruebas, análisis, arquitectura, diseño, programación, planificación, estimación y muchas más actividades según corresponda. Tenga en cuenta que no todos los miembros del equipo poseerán todas y cada una de estas habilidades, al menos aún no, pero tendrán un subconjunto de ellas y se esforzarán por adquirir más habilidades con el tiempo. Idealmente, los miembros del equipo son especialistas generalizados, alguien con una o más especialidades (como análisis, programación, pruebas, etc.), un conocimiento general del proceso de entrega, al menos un conocimiento general del dominio en el que están trabajando y la voluntad de adquirir nuevas habilidades y conocimientos de los demás [GenSpec]. En el Gráfico 4.3 se comparan cuatro categorías de niveles de habilidades: los especialistas que se centran en una sola especialidad, los generalistas con amplios conocimientos que suelen ser buenos organizando y coordinando a otros, pero que no tienen las habilidades detalladas necesarias para realizar el trabajo, los expertos que tienen profundos conocimientos y habilidades en muchas especialidades, y los especialistas generalizados quienes son un término medio entre los generalistas y los especialistas.

En la práctica, exigir a las personas que sean especialistas generalizados puede ser desalentador al principio, particularmente para las personas que son nuevas en Ágil, porque esto es muy diferente al enfoque tradicional de que los generalistas gestionen equipos de especialistas. El enfoque tradicional es problemático debido a la sobrecarga necesaria para que funcione: los especialistas hacen su trabajo, produciendo algo para el siguiente grupo de especialistas a continuación.

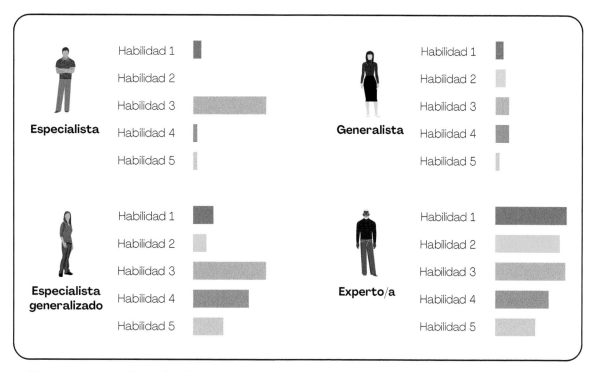

Gráfico 4.3 Los niveles de habilidad de los miembros del equipo.

Para hacer avanzar el trabajo, deben escribir y mantener la documentación, a menudo conteniendo nuevas versiones de información que ya se habían documentado anteriormente en el proceso. En resumen, los especialistas inyectan una gran cantidad de desperdicio en el proceso con artefactos provisionales, revisiones de estos artefactos y tiempo de espera para hacer las revisiones. Los especialistas generalizados, por el contrario, tienen una gama más amplia de habilidades que les permiten colaborar más eficazmente con los demás, para realizar una gama más amplia de trabajos y así evitar la creación de artefactos provisionales. Trabajan más inteligentemente, no más duro.

El desafío es que si usted es nuevo en Ágil, es muy probable que tenga personal que sea generalista o especialista, pero muy pocos especialistas generalizados. La implicación es que si actualmente tiene personas que son especialistas o generalistas, usted arma sus equipos con estas personas. Debido a que desea mejorar la productividad de su equipo, ayuda a los miembros de su equipo a convertirse en especialistas generalizados a través de técnicas de trabajo que no son individuales como la programación en pares, la programación en grupo y el modelado con otros (cubierto en la meta del proceso *Hacer crecer a los miembros del equipo*). Al hacerlo, durante varios meses los especialistas adquirirán una gama más amplia de habilidades y, como resultado, se volverán más eficaces como especialistas generalizados.

Además de los derechos y responsabilidades generales descritos anteriormente, los miembros del equipo tienen varias responsabilidades adicionales. Ellos:

- **Se auto-organizarán.** Los miembros del equipo identificarán las tareas, las estimarán, se inscribirán en las mismas, las llevarán a cabo y realizarán un seguimiento de su estado hasta su finalización.
- **Se dirigirán al dueño del producto (PO) para obtener información y decisiones sobre el dominio.** Aunque los miembros del equipo proporcionarán información al dueño del producto, al final el dueño del producto es el responsable de proporcionar los requisitos y priorizar el trabajo, no los miembros del equipo. Respetar esto requiere una disciplina significativa por parte de los miembros del equipo, y no añadir nuevas características (lo que se conoce como "corrupción o deslizamiento del alcance") o adivinar los detalles.
- **Trabajarán con el dueño de la arquitectura (AO) para desarrollar la arquitectura.** El dueño de la arquitectura es el encargado de guiar al equipo a través del trabajo de arquitectura y diseño. Los miembros del equipo trabajarán en estrecha colaboración con el dueño de la arquitectura para identificar y desarrollar la estrategia arquitectónica. Cuando el equipo no puede llegar a un acuerdo sobre la dirección a tomar, el dueño de la arquitectura puede necesitar ser el que desempate y elegir lo que siente que es la mejor opción, la que se espera que apoyen los miembros del equipo. Más adelante se habla de esto.
- **Seguirán las convenciones empresariales y aprovecharán y mejorarán la infraestructura existente.** Uno de los principios de DA (consulte el Capítulo 2) es tener consciencia de la empresa. Una implicación de esto es que los miembros del equipo de DAD adoptarán y tendrán la disciplina para adaptar, cuando corresponda, cualquier norma de codificación empresarial/ corporativa, convenciones de diseño de interfaz de usuario, pautas para base de datos, etc. También deben tratar de reutilizar y mejorar los activos reutilizables existentes, como los servicios web comunes, los marcos de referencia, y sí, incluso las fuentes de datos heredadas existentes. DAD incluye la meta del proceso *Aprovechar y mejorar la infraestructura existente* para abordar específicamente esta estrategia.
- **Dirigirán reuniones.** Aunque otros métodos Ágiles asignarán esta responsabilidad al líder del equipo, el hecho es que cualquiera en el equipo puede dirigir o facilitar reuniones. El líder del equipo es simplemente responsable de garantizar que esto suceda.

¿Por qué no llamar a un líder de equipo un Scrum Master?

Dado que DA admite varios enfoques de ciclo de vida, es probable que no todos los equipos de su organización usen Scrum. Un equipo Ágil puede estar dirigido por un Scrum Master sénior, un equipo de proyecto por un director de proyecto, un equipo de software Lean por un líder tecnológico, un equipo de ventas por un director de ventas, etc. Los diversos tipos de equipos tendrán diferentes tipos de líderes de equipo.

Líder del equipo

Un aspecto importante de los equipos auto-organizados es que los líderes de equipo facilitan o guían al equipo en la realización de actividades de gestión técnica, en lugar de asumir estas responsabilidades ellos mismos. El líder del equipo es un líder servicial del equipo, o mejor aún, un líder anfitrión [Host], que crea y mantiene las condiciones que permiten que el equipo tenga éxito. Esto puede ser un papel difícil de cubrir: la actitud es clave para su éxito. Líder del equipo es típicamente un rol, no un título. Dependiendo del tipo de equipo, un líder de equipo puede tener el título de Scrum Master sénior para un equipo de producto Ágil, Scrum Master para un sencillo equipo de Scrum, director del proyecto para un equipo de proyecto Ágil, director de marketing para un equipo de marketing, arquitecto principal de la empresa para un equipo de arquitectura empresarial, etc. Los diferentes tipos de equipos tendrán diferentes tipos de líderes de equipo y, muy probablemente, diferentes títulos de trabajo.

En los equipos de alto rendimiento, el rol de líder del equipo a menudo rotará dentro del equipo si se siente cómodo haciendo eso. En estos equipos, el liderazgo se comparte, distribuyendo la carga (y la monotonía) de la facilitación de las ceremonias entre varias personas.

El líder de equipo también es un coach de Ágil, o tal vez es más precisamente un "coach júnior de Ágil", dado que un Disciplined Agile Coach (DAC)™ generalmente trabaja con varios equipos, a menudo dispares, mientras que un líder de equipo se enfoca en realizar coaching a su equipo. Como coach, el líder del equipo ayuda a mantener al equipo enfocado en entregar elementos de trabajo y cumplir con las metas y compromisos de iteración que han hecho con el dueño del producto. Actúa como un verdadero líder, facilitando la comunicación, empoderándolos para elegir su forma de trabajar (WoW), asegurando que el equipo tenga los recursos que necesita y eliminando cualquier impedimento para el equipo (resolución de incidentes) de manera oportuna. Cuando los equipos se auto-organizan, un liderazgo efectivo es crucial para su éxito.

Observe cómo dijimos que el líder del equipo realiza coaching, en lugar de poseer o dictaminar, el WoW del equipo. En DA, todo el equipo es responsable de su WoW, no solo el liderazgo del equipo o, peor aún, alguien fuera del equipo.

Las responsabilidades de liderazgo de un líder de equipo se pueden resumir como:

- Guía al equipo a través de la elección y evolución de su WoW;
- Facilita una estrecha colaboración entre todos los roles y funciones;
- Asegura que el equipo sea plenamente funcional y productivo;
- Mantiene al equipo enfocado dentro del contexto de su visión y metas;
- Es responsable por la eliminación de los impedimentos basados en el equipo y del escalamiento de impedimentos organizacionales, colaborando con el liderazgo organizacional para hacerlo;
- Protege al equipo de interrupciones e interferencias externas;
- Mantiene una comunicación abierta y honesta entre todos los involucrados;
- Realiza coaching a otros en el uso y la aplicación de prácticas Ágiles;
- Indica al equipo que discuta y piense en los problemas cuando se los identifique;
- Facilita la toma de decisiones, pero no toma decisiones ni ordena la actividad interna del equipo; y
- Se asegura de que el equipo mantenga su enfoque en la producción de una solución potencialmente consumible.

Cuando un líder de equipo lidera un equipo de proyecto o un equipo funcional (como un equipo de marketing), se le puede pedir que asuma las responsabilidades de dirección que los marcos de referencia Ágiles a menudo minimizan. Las responsabilidades opcionales que pueden requerirse de un líder de equipo, y los desafíos asociados a hacerlo, incluyen:

- **Evaluación de los miembros del equipo.** Hay varias estrategias que se pueden aplicar para evaluar o proporcionar retroalimentación a las personas, descritas por la meta del proceso *Hacer crecer a los miembros del equipo*. Hacerlo es a menudo la responsabilidad de un administrador de recursos, pero a veces no están disponibles las personas en estos roles. Cuando un líder de equipo es responsable de evaluar a sus compañeros de equipo, eso lo coloca en una posición de autoridad sobre las personas que se supone que debe liderar y colaborar. Esto a su vez puede alterar significativamente la dinámica de la relación que los miembros del equipo tienen con el líder del equipo, reduciendo su seguridad psicológica cuando trabajan con el mismo porque no saben en qué sentido el hacerlo afectará su evaluación.
- **Gestión del presupuesto del equipo.** Aunque el dueño del producto suele ser la puerta de entrada a la financiación, es posible que se requiera que alguien rastree e informe cómo se gastan los fondos. Si el dueño del producto no hace esto, el líder del equipo generalmente se convierte en el responsable de hacerlo.
- **Presentación de informes de gestión.** Esto garantiza que alguien del equipo (tal vez ellos mismos) capture las métricas relevantes del equipo e informe el progreso del equipo al liderazgo organizacional. Esperemos que este tipo de informes se automatice a través de la tecnología del tablero de control, pero si no, el líder del equipo a menudo es responsable de generar manualmente los informes requeridos. Las metas de los procesos *Organizar las métricas* y *Medir los resultados* abordan las métricas en detalle.

- **Obtención de recursos.** El líder del equipo a menudo es responsable de garantizar que estén disponibles para el equipo las herramientas de colaboración, como los tableros de tareas para la coordinación del equipo y las pizarras para el modelado.
- **Facilitación de reuniones.** Esto garantiza que alguien del equipo (a veces ellos mismos) facilite las diversas reuniones (reuniones de coordinación, de planificación de iteración, demostraciones, sesiones de modelado y retrospectivas).

El rol de líder del equipo a menudo es un esfuerzo a tiempo parcial, particularmente en los equipos más pequeños. La implicación es que un líder de equipo necesita tener las habilidades para ser también un miembro del equipo, o tal vez en algunos casos un dueño de la arquitectura (más sobre esto a continuación). Sin embargo, en un equipo que empieza con Ágil los aspectos de facilitación de ser un líder de equipo son críticos para su éxito en la adopción de Ágil. Esto es algo con lo que las organizaciones nuevas en el ámbito de la agilidad pueden tener problemas conceptuales, porque nunca han tenido que hacer una inversión similar en el crecimiento de su personal.

Otra alternativa es que alguien sea el líder del equipo en dos o tres equipos, aunque eso requiere que los equipos intercalen sus ceremonias, como reuniones de coordinación, demostraciones y retrospectivas para que el líder del equipo pueda participar. Esto puede funcionar con equipos que tienen experiencia con el pensamiento y las técnicas Ágiles porque no requieren tanto coaching. Además, a medida que los equipos se consolidan y se vuelven expertos en la auto-organización, hay menos necesidad de que alguien esté en el rol de líder del equipo, y puede ser suficiente que alguien dé un paso adelante de vez en cuando para abordar las responsabilidades de liderazgo del equipo.

Dueño de la arquitectura

El dueño de la arquitectura (AO) es la persona que guía al equipo a través de las decisiones de arquitectura y diseño, lo que facilita la identificación y evolución del diseño general de la solución [AgileModeling]. En los equipos pequeños, la persona que desempeña el papel de líder de equipo a menudo también desempeñará el papel de dueño de la arquitectura, asumiendo que tiene las habilidades para ambos roles. Dicho esto, nuestra experiencia es que ya es bastante difícil encontrar a alguien calificado para desempeñar cualquiera de estos roles, y mucho menos ambos.

Aunque el propietario de la arquitectura suele ser el desarrollador sénior en el equipo, y a veces puede ser conocido como el arquitecto técnico, el arquitecto de software o el arquitecto de soluciones, debe tenerse en cuenta que esta no es una posición jerárquica a la que informen otros miembros del equipo. Se espera que registren y entreguen trabajo relacionado con las tareas, al igual que cualquier otro miembro del equipo. Los dueños de la arquitectura deben tener una formación técnica y una sólida comprensión del dominio de negocio.

Las responsabilidades del dueño de la arquitectura incluyen:

- Guiar la creación y evolución de la arquitectura de la solución en la que está trabajando el equipo (tenga en cuenta que el dueño de la arquitectura no es el único responsable de la arquitectura; en vez de eso, dirige las discusiones sobre arquitectura y diseño);
- Brindar mentoría y coaching a otros miembros del equipo en prácticas e incidentes de arquitectura;
- Comprender la dirección arquitectónica y los estándares de su organización y ayudar a garantizar que el equipo se adhiera a ellos adecuadamente;
- Trabajar en estrecha colaboración con arquitectos empresariales, si existen, o incluso puede ser un arquitecto empresarial (tenga en cuenta que esto puede ser un cambio interesante para las organizaciones más grandes donde sus arquitectos empresariales no están actualmente involucrados activamente con los equipos. Esto es bastante común para las organizaciones más pequeñas.);
- Trabajar en estrecha colaboración con el dueño del producto para ayudarlo a comprender las necesidades de los interesados técnicos, las implicaciones de la deuda técnica y la necesidad de invertir en amortizarla, y en algunos casos para comprender e interactuar con los miembros del equipo de manera más efectiva;
- Comprender los activos empresariales existentes, como marcos de referencia, patrones y subsistemas, y asegurarse de que el equipo los utilice cuando corresponda;
- Garantizar que la solución sea fácil de respaldar mediante el fomento de un buen diseño y refactorización para minimizar la deuda técnica (el foco de la meta del proceso DAD *Mejorar la calidad*);
- Asegurar que la solución sea integrada y probada regularmente, idealmente a través de una estrategia de integración continua (CI);
- Tener la última palabra con respecto a las decisiones técnicas, pero tratando de evitar dictaminar la dirección arquitectónica a favor de un enfoque colaborativo y basado en el equipo (el dueño de la arquitectura debe trabajar muy estrechamente con el equipo para identificar y determinar estrategias para mitigar los riesgos técnicos clave, abordados por la meta del proceso DAD *Probar la arquitectura tempranamente*); y
- Dirigir el esfuerzo inicial de previsión de la arquitectura al principio de una liberación y apoyar el esfuerzo inicial de previsión de los requisitos (especialmente cuando se trata de entender y evolucionar los requisitos no funcionales de la solución).

Roles potenciales de apoyo

Nos gustaría poder decir que todo lo que necesita son los cinco roles principales descritos anteriormente para tener éxito. El hecho es que los roles principales no cubren toda la gama —es poco probable que su equipo tenga la totalidad de la experiencia técnica que necesita. Su dueño del producto podría no tener conocimiento experto en todos los aspectos del dominio, e incluso si su organización tuviera expertos en todos los aspectos de la entrega de soluciones, no podría dotar de personal cada equipo con toda la gama de experiencia requerida. Su equipo puede tener la necesidad de añadir algunos o todos de los siguientes roles:

1. **Experto de dominio (experto en la materia).** El dueño del producto representa a una amplia gama de interesados, no solo a los usuarios finales, por lo que no es razonable esperar que sean expertos en cada matiz del dominio, algo que es particularmente cierto en dominios complejos. El dueño del producto a veces traerá expertos de dominio para trabajar con el equipo (por ejemplo, un experto en impuestos para explicar los detalles de un requisito o el ejecutivo patrocinador para explicar la visión).
2. **Especialista.** Aunque la mayoría de los miembros Ágiles del equipo son especialistas generalizados, a veces se requieren especialistas, particularmente a escala. Por ejemplo, en equipos grandes o en dominios complejos, uno o más analistas de negocios Ágiles pueden unirse al equipo para ayudar a explorar los requisitos de lo que se está construyendo. En equipos muy grandes, se puede requerir un director de programa para coordinar a los líderes de equipo en varios equipos/subequipos. También verá especialistas en los equipos cuando los especialistas generalizados aún no estén disponibles —cuando su organización sea nueva en Ágil, es posible que cuente con especialistas que aún no hayan hecho la transición a ser especialistas generalizados.
3. **Experto técnico.** A veces, el equipo necesita la ayuda de expertos técnicos, como un maestro en compilación para configurar sus scripts de compilación, un administrador de bases de datos Ágil para ayudar a diseñar y probar su base de datos, o un experto en seguridad para proporcionar asesoramiento sobre la redacción de una solución segura. Los expertos técnicos son contratados temporalmente, según sea necesario, para ayudar al equipo a superar un problema difícil y transferir sus habilidades a uno o más desarrolladores del equipo. Los expertos técnicos a menudo están trabajando en otros equipos que son responsables de las preocupaciones técnicas a nivel empresarial o simplemente son especialistas en préstamo a su equipo procedentes de otros equipos de entrega.

4. **Tester independiente.** Aunque la mayoría de las pruebas son realizadas por las personas mismas en el equipo de DAD, algunos equipos cuentan con el apoyo de un equipo de testing independiente que trabaja en paralelo, el cual validará su trabajo a lo largo del ciclo de vida. Este equipo de testing independiente suele ser necesario para escalar situaciones dentro de dominios complejos, usar tecnología compleja o abordar problemas de cumplimiento regulatorio.

5. **Integrador.** Para los grandes equipos de DAD que han sido organizados en un equipo de subequipos/escuadrones, los subequipos son típicamente responsables de uno o más subsistemas o características. En general, cuanto mayor sea el equipo, mayor y más complicada será la solución que se está construyendo. En estas situaciones, el equipo general puede requerir una o más personas en el papel de integrador, responsable de construir toda la solución a partir de sus diversos subsistemas. En equipos más pequeños o en situaciones más simples, el dueño de la arquitectura suele ser responsable de garantizar la integración, una responsabilidad que el(los) integrador(es) asume(n) para entornos más complejos. Los integradores a menudo trabajan en estrecha colaboración con el equipo de testing independiente, si existe, para realizar con regularidad pruebas de integración del sistema a lo largo de la liberación. Este rol de integrador generalmente solo se necesita a escala para soluciones técnicas complejas.

Una implicación interesante para las organizaciones que son nuevas en Ágil es que los equipos Ágiles pueden necesitar acceso a las personas en estos roles de apoyo más pronto en el ciclo de vida de lo que se acostumbra con los equipos tradicionales. Y el momento del acceso es a menudo un poco menos predecible, debido a la naturaleza evolutiva de Ágil, que con el desarrollo tradicional. Hemos descubierto que las personas en estas funciones de apoyo tendrán que ser flexibles.

Los tres roles de liderazgo

A menudo nos referimos al líder del equipo, al dueño del producto y al dueño de la arquitectura como el triunvirato de liderazgo del equipo. Como se ve en el Gráfico 4.4, el dueño del producto se centra en construir el producto adecuado, el dueño de la arquitectura en construir el producto de manera correcta, y el líder del equipo en construirlo rápidamente. Estas tres prioridades deben equilibrarse mediante una estrecha colaboración entre las personas que desempeñan estos roles. El Gráfico 4.4 también indica lo que sucede cuando se ignora una de estas prioridades. Cuando los equipos son nuevos en Ágil, el lugar central puede resultar bastante pequeño al principio, pero con el tiempo las personas en estos tres roles de liderazgo, y lo más importante, todo el equipo en sí, ayudarán a hacerlo crecer.

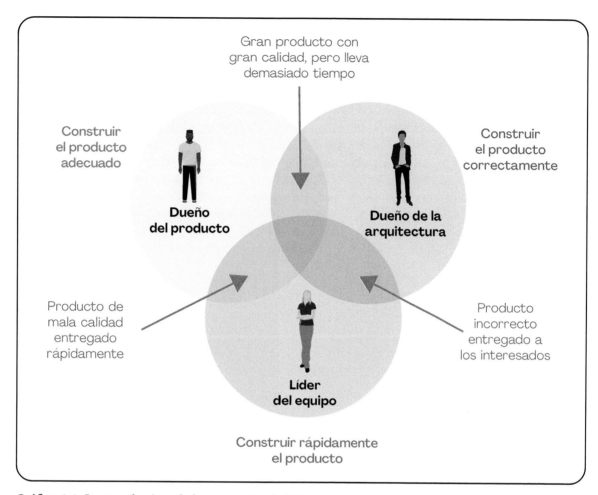

Gráfico 4.4 Puntos de vista de los tres roles de liderazgo.

¿Necesitamos en algo los roles de Scrum?

En la década de 1990, cuando se creó Scrum, era un mundo diferente. Estábamos acostumbrados a trabajar en silos especializados, a construir software a partir de documentos, y realmente no sabíamos cómo y cuándo colaborar, de ahí la necesidad de un Scrum Master para unir a los miembros del equipo a la fuerza, unificándolos detrás de una meta de equipo. En estos días, muchos de los desarrolladores más jóvenes nunca han trabajado en un entorno aislado. No necesitan un rol designado dentro del equipo para garantizar que la colaboración se lleve a cabo de manera efectiva. Del mismo modo, ¿por qué necesitamos un dueño formal del producto entre el equipo y el resto de nuestros interesados? Este grado de separación aumenta las posibilidades de malentendidos, y limita las oportunidades de los equipos para desarrollar empatía con las personas para las que están construyendo la solución. En los primeros días de Scrum, era difícil obtener acceso a los interesados, por lo que se creó el dueño "obligatorio" del producto. Es una práctica más comúnmente aceptada en estos días tener acceso directo a todos los interesados y, con suerte, una participación activa de los mismos.

En Disciplined Agile, constantemente necesitamos recordar a los equipos que el contexto importa y que la elección es buena. Como todo en DA, los roles que describimos son "buenas ideas" que pueden o no tener sentido para usted. En la meta del proceso *Formar el equipo*, lo alentamos a considerar los roles que tienen sentido para su equipo. Si es nuevo en Ágil y hay poca resistencia organizacional al cambio, entonces probablemente quiera adoptar los roles clásicos de DAD. Si su madurez y capacidad Ágiles son más avanzadas, o si la adopción de nuevos roles fuera demasiado disruptiva, entonces tal vez desee adaptar los roles en consecuencia.

Adaptación de los roles del equipo de DAD para su organización

Como mencionamos anteriormente, usted construye sus equipos a partir de las personas que tiene. Muchas organizaciones encuentran que no pueden asignar personal a algunos de los roles, o que algunos de los roles de DAD simplemente no encajan bien en su cultura existente. Como resultado, descubren que necesitan adaptar los roles para reflejar la situación en la que se encuentran. Adaptar los roles puede ser un terreno muy resbaladizo, ya que hemos comprobado que los roles DAD funcionan muy bien en la práctica, por lo que cualquier adaptación que se haga probablemente aumente el riesgo al que se enfrente el equipo. La Tabla 4.1 captura las opciones de adaptación para los roles principales y los riesgos asociados con hacerlo.

Tabla 4.1 Posibles opciones de adaptación para los roles principales

Rol	Opciones de Adaptación y Riesgos
Dueño de la arquitectura	• **Arquitecto de aplicaciones/soluciones.** Un arquitecto tradicional no trabaja tan colaborativamente como un dueño de la arquitectura, por lo que corre el riesgo de que el equipo malinterprete o ignore su visión. • **Sin dueño de la arquitectura.** Sin alguien que desempeñe el rol de dueño de la arquitectura, el equipo debe colaborar activamente para identificar una estrategia arquitectónica por su cuenta, lo que tiende a llevar al equipo a pasar por alto las preocupaciones arquitectónicas y a pagar el precio más adelante en el ciclo de vida con un mayor retrabajo.
Dueño del producto	• **Analista de negocios.** Los analistas de negocios generalmente no tienen la autoridad de toma de decisiones que tiene el dueño del producto, por lo que se convierten en un cuello de botella cuando el equipo necesita rápidamente una decisión. Los analistas de negocios también tienden a favorecer la producción de documentación de requisitos en lugar de la colaboración directa con los miembros del equipo. • **Participación activa de los interesados.** Los miembros del equipo trabajan directamente con los interesados para comprender sus necesidades y obtener retroalimentación sobre su trabajo. El equipo necesitará una manera para identificar y trabajar con miras a una visión consistente, de lo contrario corre el riesgo de ser arrastrado en múltiples direcciones.
Interesado	• **Personas.** Aunque siempre hay interesados, es posible que no tenga acceso a ellos, o más precisamente, acceso a toda la gama de ellos. Las "personas" son personajes ficticios que representan clases de interesados. Las "personas" permiten al equipo hablar en términos de estas personas ficticias y explorar cómo estas personas interactuarían con la solución.
Líder del equipo	• **Scrum Master.** Hemos tenido resultados mixtos con Scrum Masters en los equipos, principalmente porque requiere muy poco esfuerzo el ganar la designación como Certified ScrumMaster® (CSM). Como resultado, le sugerimos que coloque a un Scrum Master sénior calificado en este rol, no solo a un CSM. • **Director del proyecto.** Al asignar trabajo a las personas y luego monitorearlas, un director de proyecto anulará la capacidad de un equipo para beneficiarse de la auto-organización y muy probablemente disminuirá la seguridad psicológica en el equipo. Dicho esto, un porcentaje significativo de los directores de proyecto están dispuestos a y son capaces de abandonar las estrategias de comando y control en favor de un enfoque de liderazgo. • **Sin líder del equipo.** Hemos visto equipos que son verdaderamente auto-organizados y que no necesitan un líder de equipo. Siempre ha habido equipos que han estado trabajando juntos durante mucho tiempo, donde las personas eligen abordar lo que normalmente serían responsabilidades de liderazgo de equipo según sea necesario, al igual que cualquier otro tipo de trabajo.
Miembro del equipo	• **Especialistas.** Como dijimos anteriormente, si todo lo que se tiene disponible son especialistas, entonces es de ellos es que usted construye su equipo.

DAD y los Roles tradicionales

Muchos puristas de Ágil insistirán en que los roles tradicionales como director del proyecto, analista de negocios (BA), administrador de recursos y muchos otros desaparecen con Ágil. Aunque eso *puede* suceder a largo plazo, no es práctico a corto plazo. La eliminación de los roles tradicionales al comienzo de su transformación Ágil es revolucionaria y a menudo resulta en resistencia a, y en el socavamiento de, la adopción de Ágil. Preferimos un enfoque más evolutivo y menos disruptivo que respete a las personas y sus aspiraciones profesionales. Si bien Ágil requiere diferentes formas de trabajar, las habilidades y el rigor de las especialidades tradicionales siguen siendo extremadamente valiosos. Los directores de proyectos comprenden la gestión de riesgos, las estrategias de estimación y la planificación de liberaciones. Los analistas de negocios con formación clásica o certificados aportan una abundante caja de herramientas de opciones de modelado (muchas de las cuales se describen en la meta de Explorar el alcance). Decir que no necesitamos directores de proyectos o analistas de negocios es miope, ingenuo e irrespetuoso con estas profesiones.

Dicho esto, los roles principales de DAD son extremadamente efectivos en la práctica. Cuando trabajamos con organizaciones para mejorar su WoW, ayudamos a tantas personas como podamos en la transición de sus roles tradicionales existentes a los roles de DAD, que a menudo encuentran más satisfactorios en la práctica. El Gráfico 4.5 muestra opciones comunes para varios roles tradicionales. Lo que mostramos son generalizaciones, y es importante reconocer que las personas elegirán sus propias trayectorias profesionales en función de sus propias preferencias y deseos —todos tienen opciones profesionales en Ágil. Lo importante es reconocer que todos pueden encontrar un lugar para sí mismos en una organización Ágil si están dispuestos a aprender un nuevo WoW y pasar a nuevos roles.

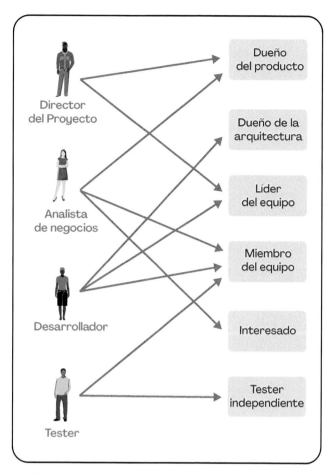

Gráfico 4.5 Transiciones comunes de los roles tradicionales a los roles de DAD.

En resumen

Este capítulo exploró los derechos y responsabilidades potenciales de las personas involucradas con los equipos de DAD, y los roles que pueden elegir asumir. Decimos potenciales porque es posible que se descubra que necesita adaptar estas ideas para que se ajusten al entorno cultural de su organización. Sin embargo, demostramos que entre más se desvíe de los roles y responsabilidades de DAD, mayor será el riesgo que asumirá. Aprendió que:

- DAD define cinco roles principales (líder del equipo, dueño del producto, miembro del equipo, dueño de la arquitectura e interesado) que aparecen en todos los equipos.
- En muchas situaciones, los equipos dependerán de las personas en los roles de apoyo –especialistas, expertos de dominio, expertos técnicos, testers independientes o integradores– según corresponda y según sea necesario.
- Los roles de DAD están destinados a ser, como todo lo demás, un punto de partida sugerido. Es posible que tenga razones válidas para adaptar los roles a su organización.
- Con los roles, como con todo lo demás, haga lo mejor que pueda en la situación que enfrenta, y esfuércese por mejorar con el tiempo.

Capítulo 5

Metas del proceso

*Debemos aprender no sólo a aceptar las diferencias entre nosotros
y nuestras ideas, sino a acogerlas y disfrutarlas con entusiasmo.*
—Gene Roddenberry

Puntos clave en este capítulo

- Aunque cada equipo trabaja de una manera única, todavía necesitan abordar las mismas metas del proceso (resultados de proceso).
- Las metas del proceso lo guían a través de lo que necesita pensar y sus opciones potenciales; no prescriben qué debe hacer.
- Las metas del proceso DAD le brindan opciones, cada una de las cuales tiene compensaciones.
- Esfuércese por hacer lo mejor que pueda en este momento en la situación a la que se enfrenta.
- Las metas del proceso DAD parecen demasiado complicadas al principio, pero pregúntese qué eliminaría.

Disciplined Agile Delivery (DAD) adopta un enfoque directo para ayudar a los equipos a elegir su forma de trabajar (WoW). Las metas del proceso guían a los equipos a través de las decisiones relacionadas con el proceso que necesitan tomar con el fin de adaptar estrategias ágiles para abordar el contexto de la situación que enfrentan [Goals]. A algunas personas les gusta llamar a esto WoW impulsado por la capacidad, WoW impulsado por los resultados del proceso o un enfoque impulsado por vectores.

Cada una de las metas del proceso DAD define un resultado de proceso de alto nivel, como *Mejorar la calidad* o *Explorar el alcance* inicial, sin prescribir cómo hacerlo. En cambio, una meta de proceso indica los problemas que debe considerar, lo que llamamos puntos de decisión y algunas opciones potenciales que puede elegir adoptar.

Las metas del proceso guían a los equipos a través de las decisiones relacionadas con el mismo que necesitan tomar con el fin de adaptar y escalar estrategias Ágiles para abordar el contexto de la situación que enfrentan. Este esfuerzo de adaptación debería tomar horas como máximo, no días, y los sencillos diagramas de metas de DAD le ayudan a simplificar el proceso. La metas del proceso son un enfoque recomendado para apoyar a los equipos en la elección de su WoW, y son una parte crítica de la estructura del proceso de Disciplined Agile (DA).

¿Por qué un enfoque impulsado por metas?

En el Capítulo 1, aprendimos que existen varias buenas razones por las que un equipo debe ser dueño de su proceso y por qué debe elegir y luego evolucionar su WoW con el tiempo. Primero, cada equipo se enfrenta a una situación única y, por lo tanto, debe adaptar su enfoque para abordar mejor esa situación y evolucionar su WoW a medida que la situación evoluciona. En otras palabras, el contexto cuenta. En segundo lugar, se deben tener opciones y saber cuáles son —no puede ser dueño de su proceso si no sabe lo que está a la venta. En tercer lugar, queremos ser fabulosos en lo que hacemos, por lo que necesitamos la flexibilidad de experimentar con formas de trabajar para que podamos descubrir cómo ser el equipo más fabuloso que podamos.

La mayoría de los equipos tienen dificultades para apropiarse realmente de su proceso, principalmente porque dentro del equipo no tienen la pericia para hacerlo. Por lo tanto, necesitan ayuda, y las metas del proceso son una parte importante de esa ayuda. Nuestra experiencia es que existen varias ventajas fundamentales para adoptar un enfoque impulsado por metas para la entrega de soluciones Ágiles:

- Permite a los equipos centrarse en los resultados del proceso, no en el cumplimiento del mismo.
- Proporciona un camino conciso y compartido para tomar decisiones de proceso más sencillas y menos derrochadoras.
- Apoya la elección de su WoW haciendo explícitas las decisiones del proceso.
- Hace que sus opciones de proceso sean muy claras y, por lo tanto, facilita la identificación de la estrategia adecuada para la situación en la que se encuentra.
- Permite un escalamiento efectivo al proporcionarle estrategias que son lo suficientemente sofisticadas como para abordar a escala las complejidades que enfrenta.
- Elimina las conjeturas para extender métodos ágiles y, por lo tanto, le permite concentrarse en su trabajo real, que es proporcionar valor a sus interesados.
- Deja en claro qué riesgos se están asumiendo y, por lo tanto, le permite aumentar la probabilidad de éxito.
- Da un indicio de un modelo de madurez ágil (esto es importante para cualquier organización que luche por alejarse de los modelos de madurez tradicionales).

¿Cuánto detalle es suficiente?

La cantidad de detalles del proceso que necesita como persona o como equipo varía según su situación. En general, cuanto más experimentado sea, menos detalles necesitará. El Gráfico 5.1 describe cómo hemos elegido captar los detalles de DAD, comenzando con las metas del proceso basadas en resultados de alto nivel hasta los detalles fundamentales de una práctica específica. El Navegador de DA [DABrowser] capta los tres primeros niveles: metas del proceso, diagramas de metas del proceso y tablas de opciones. El cuarto nivel, las descripciones detalladas de la práctica/estrategia, serían decenas de miles de páginas impresas —el canon Ágil/Lean es muy, muy grande y nuestro objetivo con DAD es ayudarlo a ponerlo en contexto para usted.

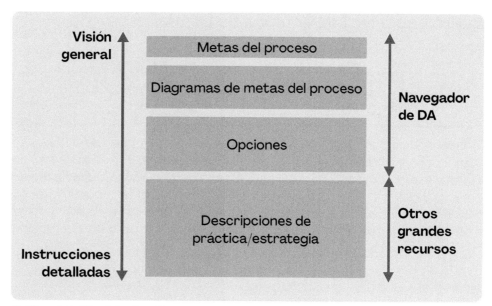

Gráfico 5.1 Nivel de detalles con las metas del proceso.

Como puede ver en el Gráfico 5.1, hay cuatro niveles de detalle cuando se trata de describir las metas del proceso:

1. **Meta del proceso.** El resultado del proceso nombrado, por ejemplo: *Identificar la estrategia de la arquitectura, Acelerar la entrega de valor, Desplegar la solución* o *Hacer crecer a los miembros del equipo.* La metas del proceso nombradas son útiles para proporcionar un lenguaje consistente con el fin de discutir problemas relacionados con el proceso entre equipos con WoW potencialmente muy diferentes.

2. **Diagrama de metas del proceso.** Esta es una descripción visual de los aspectos que debe pensar sobre la meta, lo que llamamos puntos de decisión y varias opciones a elegir para cada punto de decisión. No estamos diciendo que hemos identificado todas las técnicas posibles disponibles para usted, pero hemos identificado lo suficiente para darle una buena gama de opciones y para dejar en claro que de hecho tiene opciones. En muchos sentidos, un diagrama de metas del proceso es una versión avanzada de un árbol de decisiones, y un ejemplo de uno se ilustra en el Gráfico 5.4 más adelante en este capítulo. Los diagramas de metas del proceso son útiles para los profesionales experimentados, incluidos los facilitadores de Ágil, como resúmenes de lo que necesitan considerar con la adaptación de la parte de su WoW abordada por esa meta.

3. **Tablas de opciones.** Una tabla de opciones proporciona un breve resumen de posibles prácticas o estrategias que se deberían considerar adoptar para abordar un punto de decisión dado. Para cada opción, también se proporcionan las compensaciones asociadas con ella con el fin de ponerla en contexto. No existe tal cosa como una mejor práctica: cada práctica/estrategia dada funciona bien en algunos contextos y resulta inapropiada en otros contextos. Las tablas de opciones le ayudan a identificar lo que cree que es la mejor opción para que su equipo experimente en la situación actual que enfrenta. El Gráfico 5.5 proporciona un ejemplo de una, más adelante en este capítulo.

4. **Descripciones de práctica/estrategia.** Cada técnica se describe a través de blogs, artículos, y en algunos casos, uno o más libros. Por ejemplo, hay miles de publicaciones en blogs y artículos sobre el desarrollo guiado por pruebas (TDD), así como varios buenos libros. Nuestro objetivo es orientarlo en la dirección correcta a estos grandes recursos, que es exactamente lo que hacemos en el navegador de DA.

El contexto importa: Los equipos de Disciplined Agile se basan en metas

El Gráfico 5.2 muestra las metas para un equipo de DAD agrupado por las tres fases de Creación, Construcción y Transición, así como las metas que están en curso a lo largo del ciclo de vida.

Si conoce su historial de procesos, es posible que haya notado que adoptamos los nombres de fase del Proceso Unificado (UP) [Kruchten]. Más exactamente, adoptamos tres de los cuatro nombres de UP porque DAD no tiene una fase de elaboración, a diferencia de UP. Algunas personas señalarán esto como evidencia de que DAD es solo UP, pero si está familiarizado con este último se dará cuenta de que esto claramente no es cierto. Elegimos adoptar estos nombres porque, francamente, quedaban perfectamente bien. Nuestra filosofía es reutilizar y aprovechar tantas grandes ideas como sea posible, incluida la terminología, y no inventar nueva terminología si podemos evitarlo.

Diagramas de metas del proceso

Aunque enumerar las metas del proceso de alto nivel en el Gráfico 5.2 es un buen comienzo, la mayoría de las personas necesitan más información que esta. Para pasar al siguiente nivel de detalle utilizamos diagramas de metas, cuya notación se describe en el Gráfico 5.3 y cuyo ejemplo se muestra en el Gráfico 5.4. Primero, exploremos la notación:

- **Metas del proceso.** Las metas del proceso se muestran como rectángulos redondeados.
- **Puntos de decisión.** Los puntos de decisión, que son problemas de proceso que se debe considerar abordar, se muestran como rectángulos. Las metas del proceso tendrán dos o más puntos de decisión, y la mayoría de las metas tendrán cuatro o cinco puntos de decisión, aunque algunas tienen más. Cada punto de decisión puede abordarse mediante prácticas/estrategias que se presentan en una lista a la derecha. A veces existen puntos de decisión que no tendrá que abordar dada su situación. Por ejemplo, la meta del proceso *Coordinar las actividades* tiene un punto de decisión llamado Coordinar a través del Programa que solo se aplica si su equipo es parte de un "equipo de equipos" de mayor tamaño.
- **Listas de opciones ordenadas.** Una lista de opciones ordenadas se representa con una flecha a la izquierda de la lista de técnicas. Lo que queremos decir con esto es que las técnicas que aparecen en la parte superior de la lista son más deseables, generalmente más eficaces en la práctica, y que las técnicas menos deseables se encuentran en la parte inferior de la lista. Su equipo, por supuesto, debe esforzarse por adoptar las técnicas más eficaces que puedan llevar a cabo dado el contexto de la situación que enfrentan. En otras palabras, haga lo mejor que pueda, pero tenga en cuenta que hay técnicas potencialmente mejores que puede optar por adoptar en algún momento. Desde el punto de vista de la teoría de la complejidad, un punto de decisión con una lista de opciones ordenadas es efectivamente un vector que indica una ruta de cambio. En el Gráfico 5.4, el punto de decisión Nivel de detalle del Documento de alcance tiene un conjunto ordenado de opciones, mientras que el segundo no.

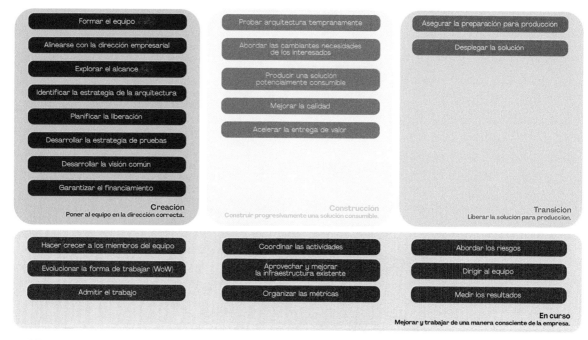

Gráfico 5.2 Las metas del proceso de Disciplined Agile Delivery (DAD).

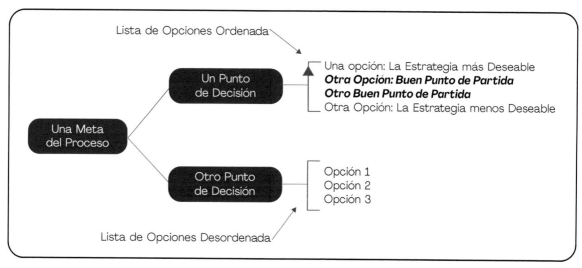

Gráfico 5.3 La notación de un diagrama de metas del proceso.

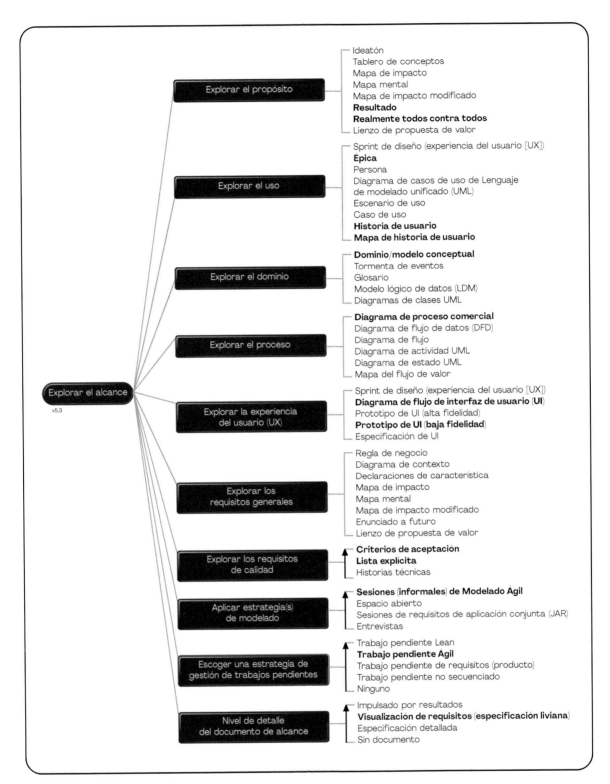

Gráfico 5.4　El diagrama de metas para _Explorar el alcance_.

- **Listas de opciones no ordenadas.** Una lista de opciones no ordenadas se representa sin una flecha —cada opción tiene ventajas y desventajas, pero no está claro cómo clasificar las opciones de manera justa.
- **Puntos de partida potenciales.** Los posibles puntos de partida se muestran en negrita y cursiva. Debido a que puede haber muchas técnicas para elegir, indicamos las técnicas "predeterminadas" en negrita y cursiva. Estos valores predeterminados son buenos puntos de partida para los equipos pequeños nuevos en Agile que están asumiendo un problema directo; casi siempre son estrategias de Scrum, Extreme Programming (XP) y Modelado Ágil, con algunas ideas de Proceso Unificado lanzadas para completar el conjunto.

En la práctica resulta habitual combinar varias opciones de una lista determinada. Por ejemplo, considere el punto de decisión Explorar uso en el Gráfico 5.4: es común que los equipos que son nuevos en Ágil apliquen épicas, historias de usuario y mapas de historias de usuario para explorar los requisitos de uso.

Exploremos un poco más el diagrama de metas *Explorar el alcance* del Gráfico 5.4. Esta es una meta del proceso que se debe abordar al comienzo del ciclo de vida durante la Creación (si está siguiendo un ciclo de vida que incluye una fase de Creación; consulte el Capítulo 6). Cuando algunos métodos Ágiles simplemente le aconsejarán que llene inicialmente un trabajo pendiente asociado al producto con algunas historias de usuarios, el diagrama de metas deja en claro que es posible que desee ser un poco más sofisticado en su enfoque. ¿Qué nivel de detalle debe captar, si corresponde? ¿Cómo va a explorar el uso potencial del sistema? ¿O los requisitos de la interfaz de usuario? ¿O el (los) proceso(s) empresarial(es) apoyado(s) por la solución? Las técnicas predeterminadas, o tal vez los puntos de partida sugeridos con mayor precisión, se muestran en negrita y cursiva. Observe cómo le sugerimos que probablemente, de forma predeterminada, de alguna manera desee captar el uso, los conceptos básicos de dominio (por ejemplo, a través de un diagrama conceptual de alto nivel) y los requisitos no funcionales. Hay diferentes estrategias que tal vez desee considerar para el modelado —elija las que tengan sentido para su situación y no las que no lo tengan. También debe comenzar a pensar en su enfoque para administrar su trabajo: un método ligero de especificaciones para hacer anotaciones en tarjetas indizadas y algunos bocetos en una pizarra es solo una opción que debería considerar. En DAD, dejamos en claro que los equipos ágiles hacen más que solo implementar nuevos requisitos. De ahí nuestra recomendación de predeterminar una lista de elementos de trabajo por sobre una estrategia simplista de trabajo pendiente asociado a los requisitos (del producto). Los elementos de trabajo pueden incluir nuevos requisitos que deben implementarse, defectos que deben corregirse, talleres de capacitación, revisiones del trabajo de otros equipos, etc. Estas son todas las cosas que necesitan ser dimensionadas, priorizadas y planificadas. Por último, el diagrama de objetivos deja en claro que cuando está explorando el alcance inicial de su esfuerzo, debe captar de alguna manera los requisitos no funcionales —como la confiabilidad, la privacidad, la disponibilidad, el rendimiento y los requisitos de seguridad (entre muchos).

¡Pero esto es tan complicado!

Nuestra estrategia con DA es reconocer explícitamente que el desarrollo de software (y la TI y las organizaciones, en general) son intrínsecamente complicados. DA no intenta reducir las cosas a un puñado de "mejores prácticas". En cambio, DA comunica explícitamente los problemas que se enfrentan, las opciones que se tienen y las compensaciones que se están haciendo, y simplifica el proceso de elegir las estrategias correctas que satisfagan sus necesidades. DA proporciona una estructura para ayudarlo a tomar mejores decisiones de proceso.

Sí, hay muchas metas de proceso (24, de hecho) representadas en el Gráfico 5.2. ¿Cuál descartaría? Hemos visto equipos que no han abordado el riesgo de ninguna manera, pero a quienes invariablemente les ha ido mal. También hemos visto a los equipos elegir no abordar la meta de Mejorar la calidad, solo para ver cómo aumenta su deuda técnica. En la práctica, uno no puede elegir con seguridad ignorar cualquiera de estas metas. Del mismo modo, tenga en cuenta los puntos de decisión en el Gráfico 5.4. ¿Descartaría alguno de esos? Probablemente no. Sí, es abrumador que haya tanto que tener en cuenta para tener éxito en la entrega de soluciones a largo plazo, y lo que hemos captado parece ser un conjunto mínimo para el desarrollo de soluciones de clase empresarial.

Cómo llegar a los detalles: Tablas de opciones y referencias

El siguiente nivel de detalle son las tablas de opciones, cuyo ejemplo se muestra en el Gráfico 5.5 para el punto de decisión Explorar el alcance - Explorar los requisitos de calidad. Cada tabla enumera las opciones, cuáles son prácticas o estrategias, y las contrapartidas de cada una. La meta es poner cada opción en contexto y, en su caso, señalarle más detalles sobre esa técnica.

En el Gráfico 5.6, puede ver cómo se le orienta a más información a través de enlaces en el menú desplegable de recursos adicionales. En este caso, verá enlaces que son relevantes para la opción de criterios de aceptación. Estos enlaces conducen a artículos relevantes, publicaciones en blogs, libros u oportunidades de capacitación. La filosofía de DA es proporcionar información contextual suficiente para determinar si una opción puede funcionar para usted, y señalar excelentes recursos si quiere saber más.

Cómo aplicar en la práctica las metas del proceso

Los agilistas disciplinados pueden procesar metas en varios escenarios comunes:

- **Identificando posibles estrategias con las que experimentar.** Describimos la mejora guiada del proceso (GCI) en el Capítulo 1, donde un equipo utiliza DAD como referencia para identificar técnicas con las que experimentar. Debido a que DAD pone las opciones en contexto, como se vio en el Gráfico 5.5, es más probable que identifique una técnica que funcione para usted en su entorno.
- **Mejorando las retrospectivas.** Los diagramas de metas y las tablas de apoyo proporcionan un conjunto de opciones potenciales con las que puede elegir experimentar con el fin de resolver los desafíos identificados por el equipo.

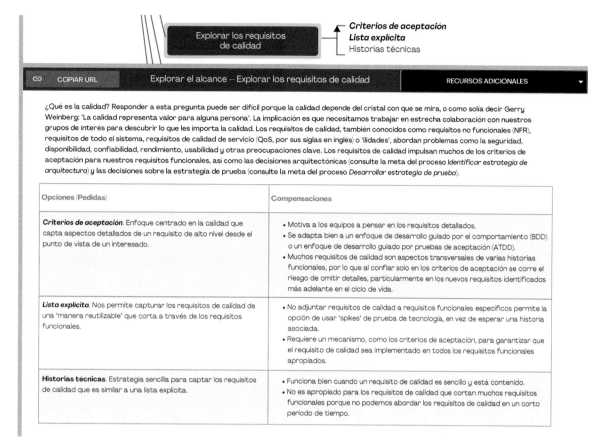

Gráfico 5.5 **Explorar los requisitos de calidad (captura de pantalla del navegador de DA).**

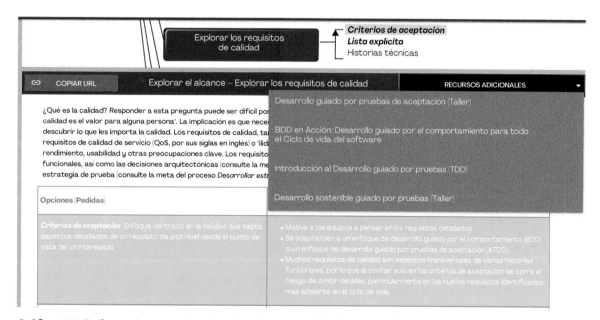

Gráfico 5.6 **Referencias para los criterios de aceptación (captura de pantalla del navegador de DA).**

- **Listas de verificación.** Los diagramas de metas son a menudo utilizados por equipos experimentados para recordarles las técnicas potenciales que podrían elegir para aplicar en su situación actual.
- **Talleres de adaptación de procesos** Descritos en el Capítulo 1, los talleres de adaptación de procesos a menudo son utilizados por nuevos equipos a fin de identificar o negociar cómo trabajarán juntos. Las metas del proceso a menudo resultan ser excelentes recursos para ayudar a enfocar esos talleres, y una manera fácil de usarlos es imprimirlas y ponerlas en la pared, para luego trabajarlas en equipo.
- **Modelo de madurez.**[1] Los puntos de decisión ordenados proporcionan efectivamente un modelo de madurez enfocado alrededor de un punto de decisión dado. Y lo que es más importante, los puntos de decisión ordenados son efectivamente vectores que indican un camino de mejora que los equipos pueden seguir. Esto es similar a la estrategia del Modelo continuo de CMMI [CMMI].
- **Tener discusiones productivas sobre las opciones del proceso.** Un aspecto interesante de las metas del proceso es que algunas de las opciones que proporcionan realmente no son muy efectivas en la práctica. ¿QUÉ? A veces encontramos equipos que siguen una técnica porque creen que es la mejor estrategia disponible, tal vez se les ha dicho que es una "mejor práctica", tal vez es la mejor estrategia que conocen, tal vez es lo mejor que pueden hacer en este momento, o tal vez les ha sido prescrita por la metodología adoptada y ellos nunca pensaron en mirar más allá. De todos modos, esta estrategia y otras opciones válidas se les proporcionan ahora, con las contrapartidas para cada una claramente descritas. Esto lo coloca en una mejor posición para comparar y contrastar estrategias y potencialmente elegir una nueva estrategia con la que experimentar.

En Resumen

Este libro describe cómo puede elegir su WoW y cómo su equipo puede realmente apropiarse de su proceso. La única manera de ser dueño de su proceso es si sabe lo que está en venta. Las metas del proceso le ayudan a que sus elecciones del proceso y las compensaciones asociadas con ellas sean explícitas. En este capítulo, hemos explorado varios conceptos clave:

- Aunque cada equipo trabaja de una manera única, todavía necesitan abordar las mismas metas del proceso (resultados de proceso).
- Las metas del proceso lo guían a través de lo que necesita pensar y sus opciones potenciales; no prescriben qué debe hacer.
- Las metas del proceso le brindan opciones, cada una de las cuales tiene contrapartidas.
- Esfuércese por hacer lo mejor que pueda en este momento en la situación que enfrenta, y por aprender y mejorar con el tiempo.
- Si las metas del proceso parecen demasiado complicadas al principio, pregúntese qué eliminaría.

---

[1] En DA, no tememos utilizar "palabras groseras Ágiles" como gestión, gobernanza, fase, y sí, incluso "modelo de madurez".

Capítulo 6

Elegir el ciclo de vida correcto

Que sus elecciones reflejen sus esperanzas, no sus miedos. – Nelson Mandela

Puntos clave en este capítulo

- Algunos equipos dentro de su organización continuarán siguiendo un ciclo de vida tradicional —DAD reconoce explícitamente esto, pero no proporciona apoyo para esta categoría de trabajo cada vez más reducida.
- DAD proporciona la estructura necesaria para elegir entre, y luego evolucionar, seis ciclos de vida de entrega de soluciones (SDLC) basados en estrategias Ágiles o Lean.
- Los ciclos de vida basados en proyectos, incluso los Ágiles y Lean, pasan por fases.
- Cada ciclo de vida tiene sus ventajas y desventajas; cada equipo necesita elegir el que mejor refleje su contexto.
- Los hitos comunes, livianos y basados en riesgos permiten una gobernanza consistente; no es necesario forzar a los equipos a seguir el mismo proceso.
- Un equipo comenzará con un ciclo de vida dado y a menudo lo hará evolucionar alejándose de él a medida que mejora continuamente su WoW.

Tenemos el privilegio de trabajar con organizaciones de todo el mundo. Cuando entramos en una organización, a menudo para realizar coaching sobre cómo mejorar su forma de trabajar (WoW), podemos observar lo que realmente está sucediendo dentro de estas organizaciones. Una cosa que vemos una y otra vez, en todas las empresas excepto las más pequeñas, es que tienen varios ciclos de vida de entrega en efecto en sus equipos. Algunos de estos equipos seguirán para sus proyectos un ciclo de vida Ágil basado en Scrum, mientras que otros habrán adoptado un ciclo de vida Lean basado en Kanban. Los equipos más avanzados, particularmente aquellos que avanzan hacia una mentalidad DevOps, habrán adoptado un enfoque de entrega continua [Kim]. Algunos pueden estar trabajando en una idea de negocio completamente nueva y están siguiendo un estilo experimental de "lean startup", e inclusive algunos equipos pueden estar siguiendo un ciclo de vida más tradicional. La razón por la que esto sucede, como describimos en el Capítulo 2, es porque cada equipo es único y está en una situación única. Los equipos necesitan un WoW que refleje el contexto que enfrentan, y una parte importante de elegir un WoW efectivo es seleccionar un ciclo de vida que se adapte mejor a su situación. La estructura de Disciplined Agile Delivery (DAD) proporciona opciones de ciclo de vida a sus equipos de entrega, al tiempo que permite una gobernanza consistente entre ellos [LifeCycles].

Una rápida lección de historia: el ciclo de vida en serie

En primer lugar, el ciclo de vida tradicional no es apoyado actualmente por DAD. Hay varios sabores diferentes del ciclo de vida en serie, a veces llamado el ciclo de vida tradicional, el ciclo de vida en cascada, o incluso el ciclo de vida predictivo. El Gráfico 6.1 representa lo que se conoce como el modelo V. La idea básica es que un equipo trabaja a través de fases funcionales, tales como requisitos, arquitectura, etc. Al final de cada fase a menudo hay una revisión de hitos como "revisión de calidad" que tiende a centrarse en la revisión de la documentación. Las pruebas ocurren hacia el final del ciclo de vida, y cada fase de prueba, al menos en el modelo V, tiende a corresponder a una fase de creación de artefactos que se encuentra anteriormente en el ciclo de vida. El ciclo de vida del modelo V se basa en las teorías de las décadas de1960 y 1970 sobre cómo debería funcionar el desarrollo de software. Tenga en cuenta que algunas organizaciones a principios de las décadas de 1990 y 2000 ilustraron erróneamente el Rational Unified Process (proceso racional unificado) (RUP) como un proceso pesado, por lo que algunos profesionales piensan que el RUP también es un proceso tradicional. No, el RUP es iterativo e incremental, pero a menudo fue implementado de manera deficiente por personas que no se alejaron de la mentalidad tradicional.

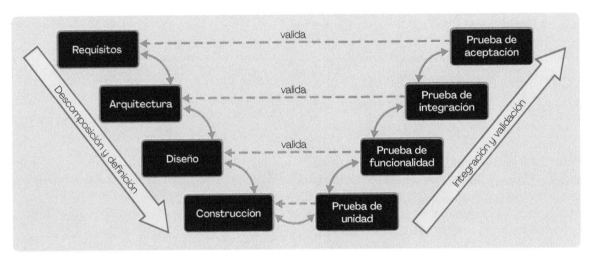

Gráfico 6.1 El modelo V para un ciclo de vida de desarrollo de software.

Si el enfoque en serie no está explícitamente incluido actualmente en DAD, ¿por qué estamos hablando de ello? Debido a que algunos equipos están siguiendo actualmente un enfoque en serie y necesitan ayuda para alejarse de él. Peor aún, hay muchas personas que creen que las estrategias tradicionales son aplicables a una amplia gama de situaciones. En cierto sentido, están en lo correcto, pero lo que no entienden es que las estrategias Ágiles/Lean demuestran ser mucho mejores en la práctica para la mayoría de esas situaciones. Pero, como aprenderá más adelante en este capítulo, hay algunas situaciones en las que las estrategias tradicionales de hecho tienen sentido. Pero sólo unas pocas.

Lección de historia de Ágil

El término "iteración 0" fue acuñado por primera vez por Jim Highsmith, uno de los creadores del Manifiesto Ágil, en su libro *Agile Software Development Ecosystems* en 2002 [Highsmith]. Más tarde fue adoptado y rebautizado como Sprint 0 por la comunidad de Scrum.

La mentalidad del proyecto conduce a fases Ágiles, y eso está bien

Muchas organizaciones eligen financiar la entrega de soluciones en términos de proyectos. Estos proyectos pueden ser impulsados por fechas y tener una fecha definida de inicio y finalización, pueden ser impulsados por el alcance en el sentido de que deben ofrecer una funcionalidad específica o un conjunto específico de resultados, o pueden ser impulsados por los costos en el sentido de que deben estar dentro o por debajo de un presupuesto deseado. Algunos proyectos tienen una combinación de estas limitaciones, pero cuantas más restricciones se impongan a un equipo de entrega, mayor será el riesgo de fracaso del proyecto. El Gráfico 6.2 muestra una vista de alto nivel del ciclo de vida de la entrega del proyecto, y como puede ver, tiene tres fases:

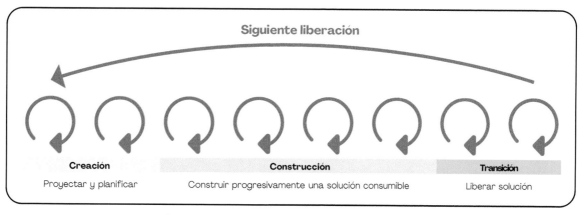

Gráfico 6.2 El ciclo de vida Ágil del proyecto (a alto nivel).

1. **Creación.** La Creación se denomina a veces "sprint 0", "iteración 0", arranque o iniciación. La idea básica es que el equipo hace el trabajo suficiente para organizarse e ir en la dirección correcta. El equipo se formará inicialmente e invertirá algún tiempo en los requisitos iniciales y la exploración de la arquitectura, la planificación inicial, la alineación con el resto de la organización y, por supuesto, la obtención de fondos para el resto del proyecto. Esta fase debe ser lo más simple y corta posible mientras se llega a un acuerdo sobre cómo el equipo cree que logrará los resultados que le piden sus interesados. El equipo promedio de Ágil/Lean pasa 11 días hábiles, es decir, un poco más de 2 semanas, en las actividades de Creación [SoftDev18].

2. **Construcción.** El objetivo de la Construcción es producir una solución consumible con suficiente valor para el cliente, lo que se conoce como un incremento mínimo de negocio (MBI), que sea de valor para los interesados. El equipo trabajará en estrecha colaboración con los interesados para comprender sus necesidades, construir una solución de calidad para ellos, obtener su retroalimentación de manera regular y luego actuar en base a esa retroalimentación. Esto implica que el equipo realizará actividades de análisis, diseño, programación, pruebas y gestión, potencialmente todos los días. Más adelante se hablará de esto.

3. **Transición.** A veces se hace referencia a la transición como un "sprint de liberación" o un "sprint de despliegue", y si el equipo está teniendo problemas con la calidad, un "hardening sprint". El objetivo de la Transición es lanzar con éxito su solución para producción. Esto incluye determinar si se está listo para desplegar la solución y luego desplegarla en la realidad. El equipo promedio de Ágil/Lean pasa 6 días hábiles en las actividades de transición, pero cuando se excluye a los equipos que tienen pruebas e implementación completamente automatizadas (lo que no haríamos), es un promedio de 8,5 días [SoftDev18]. Además, el 26 % de los equipos tienen pruebas e implementación de regresión totalmente automatizadas, y el 63 % realizan la transición en 1 día o menos.

Aunque los puristas Ágiles se resistirán al concepto de fases, y a menudo harán cosas como llamar a la Creación "sprint 0" y a la Transición un "sprint de liberación", el hecho es que los equipos de proyecto Ágiles trabajan en serie a un alto nivel. Los equipos deben invertir algún tiempo al principio para ir en la dirección correcta (Creación/sprint 0), deben pasar tiempo produciendo la solución (Construcción) y deben pasar tiempo implementando la solución (Transición/sprint de liberación). Esto sucede en la práctica y es muy fácil de observar si así lo desea. Lo importante es simplificar sus esfuerzos de Creación y Transición tanto como sea posible, y la Construcción, de hecho también.

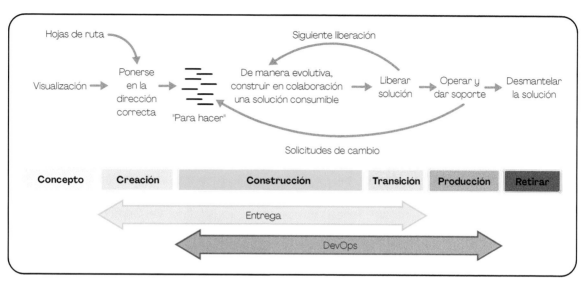

Gráfico 6.3 El ciclo de vida del sistema/solución/producto (a alto nivel).

La TI y su organización en general son más que entrega de soluciones. Por ejemplo, es probable que su organización tenga gestión de datos, arquitectura empresarial, operaciones, gestión de portafolios, marketing, gestión de proveedores, finanzas y muchos otros aspectos organizacionales importantes. Un ciclo de vida completo del sistema/producto va desde el concepto inicial para la solución, hasta la entrega, las operaciones y el soporte y a menudo incluye muchas rondas a lo largo del ciclo de vida de entrega. El Gráfico 6.3 muestra el ciclo de vida del sistema, mostrando cómo el ciclo de vida de la entrega, y el ciclo de vida de DevOps para ese caso, es un subconjunto del mismo. Aunque el Gráfico 6.3 agrega las fases de Concepto (ideación), Producción y Retiro, el enfoque de DAD y este libro reside en la entrega. Disciplined Agile (DA), como aprendió en el Capítulo 1, incluye estrategias que abarcan DAD, DevOps Disciplinado, flujos de valor y la Disciplined Agile Enterprise (DAE) en general [DALayers].

Desplazarse a la izquierda, desplazarse a la derecha, entregar continuamente

Aunque algunos equipos adoptarán un enfoque basado en proyectos, no todos lo hacen; con el tiempo esperamos que esta tendencia crezca. Cuando a un equipo se le permite permanecer junto durante un largo período, generalmente más prolongado que un solo proyecto, lo llamamos un equipo estable o de larga data. Cuando a un equipo de larga data se le permite evolucionar su WoW, hemos visto algunas cosas increíbles que suceden —se convierten en equipos capaces de una entrega continua. El término "desplazarse a la izquierda" es popular entre los agilistas, a menudo se utiliza para indicar que las pruebas y las prácticas de calidad se realizan a lo largo de todo el ciclo de vida. Esto es algo bueno, pero la tendencia a "desplazarse" es algo más que esto. Hay varias tendencias importantes, resumidas en el Gráfico 6.4, que afectarán la forma en que un equipo evoluciona su WoW:

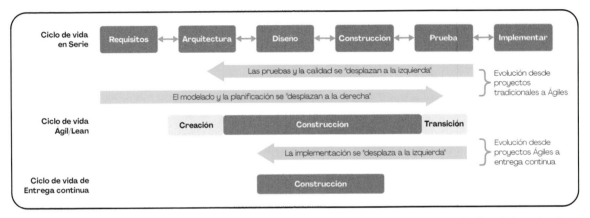

Gráfico 6.4 Cómo evolucionan los ciclos de vida cuando se desplazan las actividades de izquierda a derecha.

1. **Las prácticas de pruebas y de calidad se desplazan a la izquierda.** Los agilistas están desplazando claramente las prácticas de prueba hacia la izquierda mediante una mayor automatización y a través de la sustitución de las especificaciones escritas con especificaciones ejecutables a través de prácticas como el desarrollo guiado por pruebas (TDD) [Beck] y el desarrollo guiado por el comportamiento (BDD) [ExecutableSpecs]. TDD y BDD, por supuesto, están respaldados por la práctica de la integración continua (CI) [HumbleFarley]. La adopción de estas estrategias es un motivador clave para una estrategia de infraestructura como código (infrastructure-as-code), donde las actividades que son en su mayoría de naturaleza manual en equipos tradicionales son automatizadas completamente en equipos Ágiles.

2. **Las prácticas de modelado y planificación se desplazan a la derecha.** Los agilistas también han desplazado las prácticas de modelado/mapeo y planificación a la derecha en el ciclo de vida, para que podamos adaptarnos a los comentarios que estamos recibiendo de los interesados. En DAD, el modelado y la planificación son tan importantes que los hacemos durante todo el ciclo de vida de una manera colaborativa e iterativa [AgileModeling].

3. **La interacción de los interesados se desplaza a la derecha.** Los equipos de DAD interactúan con los interesados a lo largo de todo el esfuerzo, no solo durante las fases de requisitos y de prueba al comienzo y al final del ciclo de vida.

4. **La retroalimentación de los interesados se desplaza a la izquierda.** Los equipos tradicionales tienden a dejar la retroalimentación seria de los interesados a las pruebas de aceptación del usuario (UAT) realizadas durante la fase de prueba tradicional. Los equipos de DAD, por el contrario, buscan obtener retroalimentación de los interesados lo antes posible y con la mayor regularidad posible a lo largo de todo el esfuerzo.

5. **Las prácticas de despliegue se desplazan a la izquierda.** Las prácticas de implementación están siendo completamente automatizadas por los equipos Ágiles, otra estrategia de infraestructura como código (infrastructure-as-code), para apoyar la implementación continua (CD). La CD es una práctica fundamental para los dos ciclos de vida de entrega continua de DAD que se describen a continuación.

6. **La meta real es la entrega continua.** Todo este desplazamiento a la izquierda y el desplazamiento a la derecha da como resultado equipos que pueden trabajar en la modalidad de entrega continua. La mejora del proceso consiste en trabajar más inteligentemente, no más duro.

La elección es buena: los ciclos de vida de DAD

DAD presta soporte a varios ciclos de vida para que los equipos elijan. Estos ciclos de vida, descritos detalladamente a continuación y resumidos en el Gráfico 6.5, son:

1. **Ágil.** Basándose en el ciclo de vida de construcción de Scrum, los equipos que siguen este ciclo de vida del proyecto producirán soluciones consumibles a través de iteraciones cortas (también conocidas como sprints o períodos preestablecidos).

2. **Entrega continua: Ágil.** Los equipos que siguen este ciclo de vida ágil trabajarán en iteraciones muy cortas, generalmente de 1 semana o menos, donde al final de cada iteración su solución es liberada para producción.

3. **Lean.** Basándose en Kanban, los equipos que siguen este ciclo de vida del proyecto visualizarán su trabajo, reducirán el trabajo en proceso (WIP) para simplificar su flujo de trabajo e incorporarán al equipo un elemento de trabajo a la vez.

4. **Entrega continua: Lean.** Los equipos que siguen este ciclo de vida basado en Lean liberarán su trabajo en producción siempre que sea posible, generalmente varias veces al día.

5. **Exploratorio.** Los equipos que siguen este ciclo de vida, basado en Lean Startup [Ries] y design thinking en general, explorarán una idea de negocio desarrollando uno o más productos mínimos viables (MVP), que ejecutan como experimentos para determinar lo que los clientes potenciales realmente quieren. Este ciclo de vida se aplica a menudo cuando un equipo se enfrenta a un "problema perverso" [WickedProblemSolving] en su dominio.

6. **Programa.** Un programa es efectivamente un gran equipo que se organiza como un equipo de equipos.

Ahora exploremos con mayor detalle cada uno de estos ciclos de vida. Después de eso, discutiremos cuándo considerar la adopción de cada uno.

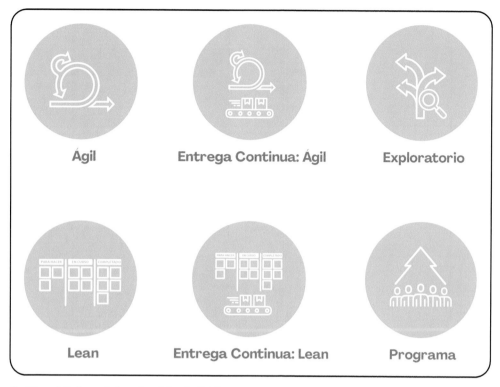

Gráfico 6.5 Los ciclos de vida de DAD.

Ciclo de vida Ágil de DAD

El ciclo de vida Ágil de DAD, que se muestra en el Gráfico 6.6, se basa en gran medida en el ciclo de vida de Scrum con conceptos de gobernanza comprobados, adoptados del Proceso Unificado (UP) para que quede listo para la empresa [Kruchten]. Este ciclo de vida a menudo es adoptado por los equipos de proyecto enfocados en desarrollar una sola versión de una solución, aunque a veces un equipo permanecerá unido y lo seguirá estando nuevamente para la próxima liberación (y la próxima liberación después de esa, etc.). En muchos sentidos, este ciclo de vida muestra cómo funciona un ciclo de vida del proyecto basado en Scrum en un entorno de clase empresarial. Hemos trabajado con varios equipos a los que les gusta pensar en esto como Scrum++, sin verse limitados por el imperativo cultural de la comunidad de Scrum de pasar por alto las actividades de entrega de soluciones que se determinen inconvenientes. Hay varios aspectos críticos en este ciclo de vida:

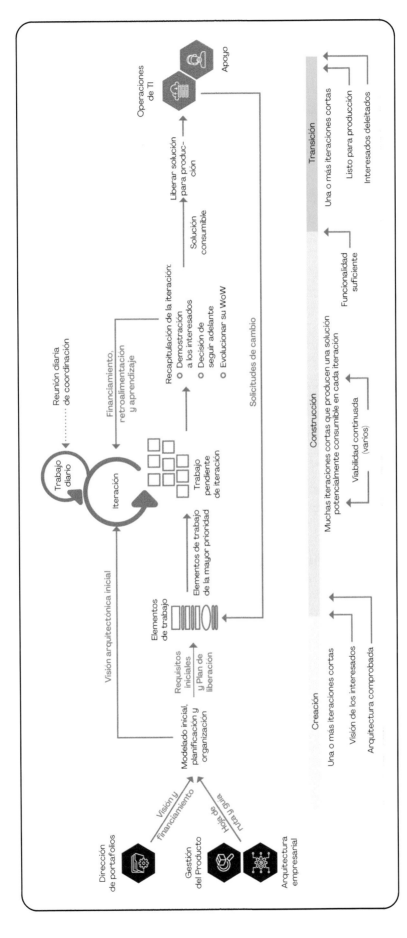

Gráfico 6.6 El ciclo de vida Ágil de DAD.

- **Fase de Creación.** Como describimos anteriormente, el enfoque del equipo es hacer el trabajo suficiente para organizarse e ir en la dirección correcta. DAD tiene como objetivo simplificar todo el ciclo de vida de principio a fin, incluidas las actividades de iniciación abordadas por la Creación. La Creación termina cuando tenemos una visión acordada con respecto a los resultados esperados para el equipo y cómo los vamos a lograr.

- **La Construcción está organizada en breves iteraciones.** Una iteración es un corto período, generalmente de 2 semanas o menos, en el que el equipo de entrega produce una nueva versión potencialmente consumible de su solución. Por supuesto, para un nuevo producto o solución es posible que no se tenga algo verdaderamente consumible hasta después de haber completado varias iteraciones. Esta fase finaliza cuando obtenemos suficiente valor para el cliente, el que es también conocido como un incremento mínimo de negocio (MBI).

- **Los equipos abordan los elementos de trabajo en pequeños lotes.** Trabajar en pequeños lotes es un elemento fundamental de Scrum, y debido a que este ciclo de vida se basa en Scrum, es un aspecto importante del mismo. Es probable que los equipos de DAD, independientemente del ciclo de vida, trabajen en una serie de cosas: implementar nuevas funciones, proporcionar a los interesados resultados positivos, realizar experimentos, abordar las solicitudes de cambio del usuario final derivadas del uso de la solución actual en producción, pagar la deuda técnica, recibir capacitación y mucho más. Los elementos de trabajo generalmente son priorizados por el dueño del producto, principalmente por el valor del negocio, aunque también se pueden considerar el riesgo, las fechas de vencimiento y la severidad (en el caso de solicitudes de cambio). La meta del proceso *Admitir el trabajo* proporciona una gama de opciones para gestionar los elementos de trabajo. En cada iteración, el equipo extrae un pequeño lote de trabajos de la lista de elementos de trabajo que creen que pueden lograr durante esa iteración.

- **Las ceremonias críticas tienen una cadencia definida.** Al igual que Scrum, este ciclo de vida programa varias ceremonias Ágiles en cadencias específicas. Al comienzo de cada iteración, el equipo realiza una planificación detallada para la misma, y al final de la iteración realizamos una demostración. Llevamos a cabo una retrospectiva para evolucionar nuestro WoW, y tomamos una decisión sobre seguir adelante. También celebramos una reunión de coordinación diaria. La cuestión es que, al prescribir cuándo celebrar estas importantes sesiones de trabajo, eliminamos algunas de las conjeturas del proceso. El inconveniente es que con las ceremonias Scrum inyecta un poco de sobrecarga al proceso. Este es un problema que aborda el ciclo de vida Lean.

- **La fase de Transición.** El objetivo de la fase de Transición es garantizar que la solución esté lista para ser desplegada y, si es así, implementarla. Esta "fase" se puede automatizar (que es exactamente lo que sucede al evolucionar hacia los dos ciclos de vida de entrega continua).

- **Hitos explícitos.** Este ciclo de vida es compatible con toda la gama de hitos simples y basados en el riesgo, como se ve representado a lo largo de la parte inferior del ciclo de vida. Los hitos permiten que el liderazgo gobierne de manera efectiva; más adelante se hablará de esto. Por "liviano" queremos decir que los hitos no necesitan ser una revisión burocrática formal de los artefactos. Idealmente, son simplemente marcadores de posición para los debates sobre el estado y la salud de la iniciativa.

- **La orientación y las hojas de ruta de la empresa se muestran explícitamente.** En el lado izquierdo del ciclo de vida, verá que ingresan flujos importantes en el equipo desde fuera del ciclo de vida de entrega. Esto se debe a que la entrega de soluciones es solo parte de la estrategia general de DevOps de su organización, que a su vez es parte de su estrategia general de TI. Por ejemplo, la visión inicial y la financiación de su empresa pueden provenir de un grupo de gestión de productos, y las hojas de ruta y la orientación de otras áreas, como la arquitectura empresarial, la gestión de datos y la seguridad (por nombrar algunas). Recuerde, los equipos de DAD trabajan de una manera consciente de la empresa, y un aspecto de ello es adoptar y seguir la orientación adecuada.
- **Las operaciones y el soporte son representados.** Si su equipo está trabajando en la nueva liberación de una solución existente, entonces es probable que reciba solicitudes de cambio de usuarios finales existentes, que llegan generalmente a través del trabajo de operaciones y de soporte. Para los equipos que trabajan en un entorno DevOps, puede ser que usted sea el responsable de ejecutar y respaldar su solución que está en producción.

Entrega continua de DAD: Ciclo de vida ágil

Entrega continua de DAD: El ciclo de vida Ágil, que se muestra en el Gráfico 6.7, es una progresión natural del ciclo de vida Ágil del Gráfico 6.6. Los equipos generalmente evolucionan a este ciclo de vida a partir del ciclo de vida Ágil, adoptando a menudo duraciones de iteración de 1 semana o menos. La diferencia clave entre esto y el ciclo de vida Ágil es que Entrega continua: Ciclo de vida ágil tiene como resultado una liberación de una nueva funcionalidad al final de cada iteración en lugar de después de varias iteraciones. Hay varios aspectos críticos en este ciclo de vida:

- **La automatización y las prácticas técnicas son clave.** Los equipos requieren un conjunto maduro de prácticas técnicas en torno a las pruebas de regresión automatizadas, la integración continua (CI) y la implementación continua (CD). Para prestar soporte a estas prácticas, es necesario invertir en herramientas y reducir la deuda técnica, y en particular escribir las pruebas de regresión automatizadas que falten.
- **La Creación ocurrió en el pasado.** La Creación habría ocurrido cuando se puso en marcha al equipo por primera vez, y puede haber ocurrido de nuevo cuando ocurrió un cambio significativo, como un cambio importante en la dirección comercial o la dirección técnica. Por lo tanto, si dicho cambio se repite, sí, definitivamente debe invertir suficiente esfuerzo para reorientar al equipo. Vemos esto como una actividad, no como una fase, por lo tanto, la Creación no es representada. Dicho esto, vemos que los equipos se detienen cada pocos meses e invierten explícitamente varios días para negociar, a un alto nivel, lo que harán durante los próximos meses. Esto es algo que en SAFe se llama planificación en salas grandes y en Modelado Ágil se denomina una sesión de modelado Ágil. Estas técnicas se discuten en la meta del proceso *Coordinar actividades*.

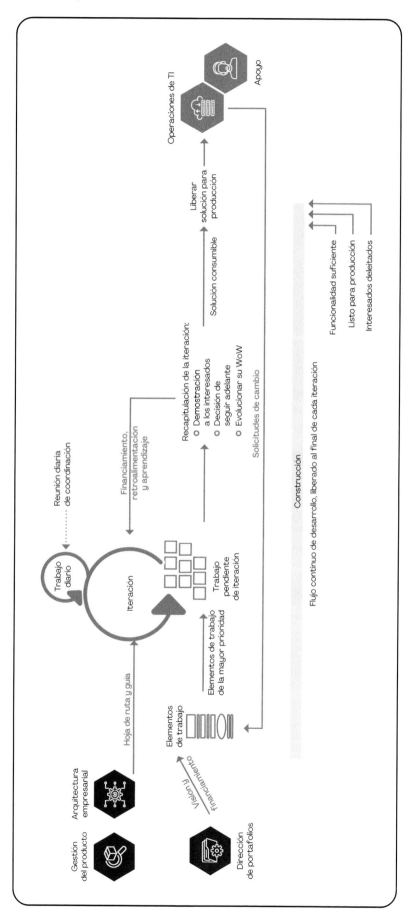

Gráfico 6.7 Entrega continua de DAD: Ciclo de vida ágil.

- **La transición se ha convertido en una actividad.** A través de la automatización de las pruebas y la implementación, la fase de Transición ha evolucionado desde un esfuerzo de varios días o varias semanas a una actividad totalmente automatizada que toma minutos u horas.
- **Hitos explícitos y flujos de trabajo entrantes.** Todavía hay hitos comunes basados en el riesgo con el fin de apoyar una gobernanza coherente. Algunos hitos ya no son apropiados; en particular la Visión de los interesados y la Arquitectura comprobada se habrían abordado en el pasado (aunque si se producen cambios importantes, no hay ninguna razón por la que no se pueda abordar estos hitos nuevamente). Se muestran los flujos de trabajo entrantes de otras partes de la organización, al igual que con los ciclos de vida Ágil y Lean.

Ciclo de vida Lean de DAD

El ciclo de vida Lean de DAD, que se muestra en el Gráfico 6.8, promueve principios Lean, como minimizar el trabajo en proceso, maximizar el flujo, un flujo continuo del trabajo (en lugar de iteraciones fijas) y reducir los cuellos de botella. Este ciclo de vida orientado a proyectos a menudo es adoptado por equipos que son nuevos en Ágil/Lean y se enfrentan a necesidades cambiantes de los interesados, un problema común para los equipos que desarrollan (mantienen) una solución heredada existente, y por equipos tradicionales que no quieren asumir el riesgo de la interrupción cultural y de procesos generalmente causados por la adopción de Ágil (al menos no de inmediato). Hay varios aspectos críticos en este ciclo de vida:

- **Los equipos abordan los elementos de trabajo uno a la vez.** Una diferencia importante entre los ciclos de vida Lean y Ágil es la falta de iteraciones. El nuevo trabajo se extrae del grupo de elementos de trabajo un elemento a la vez, a medida que el equipo tiene capacidad, a diferencia del enfoque basado en la iteración, donde el nuevo trabajo se introduce al equipo en pequeños lotes.
- **Los elementos de trabajo se priorizan justo a tiempo (JIT).** Los elementos de trabajo se mantienen como un pequeño grupo de opciones, a menudo organizados en categorías por tiempo de priorización —algunos elementos de trabajo se priorizan por valor (y, con suerte, por riesgo) o una fecha de entrega fija, algunos deben agilizarse (a menudo un problema de producción de severidad 1 o una solicitud de un interesado importante) y algunos trabajos son intangibles (como reducir la deuda técnica o continuar con la capacitación). La priorización se realiza de manera efectiva sobre una base JIT, y el equipo elige el elemento de trabajo más importante en el momento en que lo extrae para ser trabajado.
- **Las prácticas se llevan a cabo cuando es necesario, según sea necesario.** Al igual que con la priorización del trabajo, otras prácticas como la planificación, la realización de demostraciones, la reposición del conjunto de elementos de trabajo, la celebración de reuniones de coordinación, la toma de decisiones prospectivas, el modelado anticipado y muchas otras se realizan sobre una base de JIT. Esto tiende a eliminar algo de la sobrecarga que los equipos experimentan con el ciclo de vida Ágil, pero requiere más disciplina para decidir cuándo realizar las diversas prácticas.

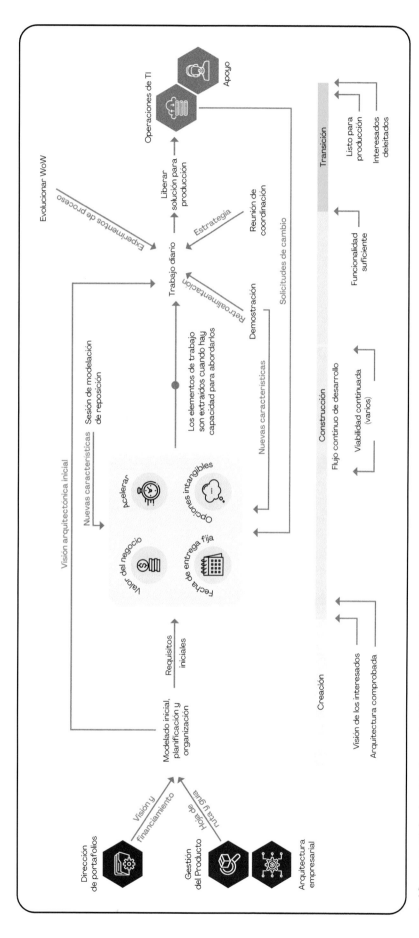

Gráfico 6.8 Ciclo de vida Lean de DAD.

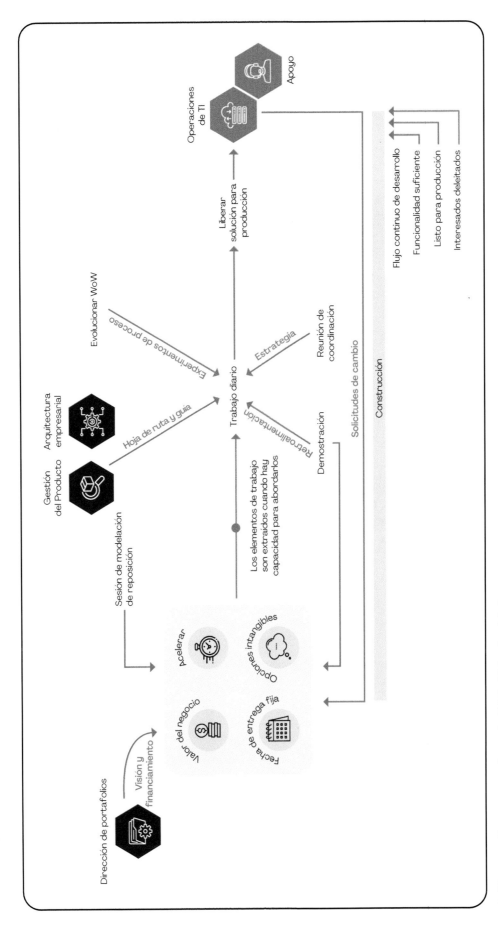

Gráfico 6.9 Entrega continua de DAD: Ciclo de vida Lean.

Los resultados conducen a la exploración continua

Una cosa interesante que hemos observado es que cuando se captan elementos de trabajo como resultados, en lugar de como requisitos, por ejemplo como historias de usuario, este ciclo de vida tiende a evolucionar hacia la exploración continua de las necesidades de los interesados en lugar de la toma continua de pedidos que vemos con las estrategias impulsadas por los requisitos.

- **Los equipos gestionan activamente su flujo de trabajo.** Los equipos Lean usan un tablero kanban [Anderson] para gestionar su trabajo. Un tablero kanban representa el proceso de alto nivel del equipo en términos de estado, con cada columna en el tablero representando un estado tal como Necesita un voluntario, En exploración, Esperando desarrollo, En construcción, Esperando prueba, En prueba y Completado. Esos fueron solo ejemplos, porque a medida que los equipos eligen su WoW, cada equipo desarrollará un tablero que refleje su WoW. Los tableros Kanban a menudo son implementados sobre pizarras o a través de software de gestión Ágil. El trabajo es representado en forma de tarjetas (adhesivos sobre la pizarra), siendo una tarjeta un elemento de trabajo del grupo de opciones/lista de trabajo pendiente o una subtarea de un elemento de trabajo. Cada columna tiene un límite de trabajo en curso (WIP) que impone un límite superior en el número de tarjetas que pueden estar en ese estado. A medida que el equipo realiza su trabajo, desplaza las tarjetas correspondientes a través del proceso en su tablero kanban para coordinar su trabajo.
- **Fases, hitos explícitos y flujos de trabajo entrantes explícitos.** Todavía hay una fase de Creación y una fase de Transición, así como hitos basados en el riesgo con el fin de apoyar una gobernanza coherente. Se muestran los flujos de trabajo entrantes de otras partes de la organización, al igual que con el ciclo de vida Ágil.

Entrega continua de DAD: Ciclo de vida Lean

Entrega continua de DAD: Ciclo de vida Lean, que se muestra en el Gráfico 6.9, es una progresión natural del ciclo de vida Lean. Los equipos generalmente evolucionan a este ciclo de vida a partir del ciclo de vida Lean o de Entrega continua: Ciclo de vida Ágil. Hay varios aspectos críticos en este ciclo de vida:

- **La entrega de nuevas funciones es verdaderamente continua.** El equipo entrega cambios en la producción varias veces al día, aunque la funcionalidad pueda no ser activada hasta que sea necesaria [esta es una estrategia de DevOps llamada alternancias de características (feature toggles)].
- **La automatización y las prácticas técnicas son clave.** Esto es similar a la Entrega continua: Ciclo de vida ágil.
- **La Creación y la Transición han desaparecido del diagrama.** Esto ocurrió por las mismas razones por las que desaparecieron para la Entrega continua: Ciclo de vida Ágil.
- **Hitos explícitos y flujos de trabajo entrantes.** De nuevo, esto es similar a la Entrega continua: Ciclo de vida Ágil.

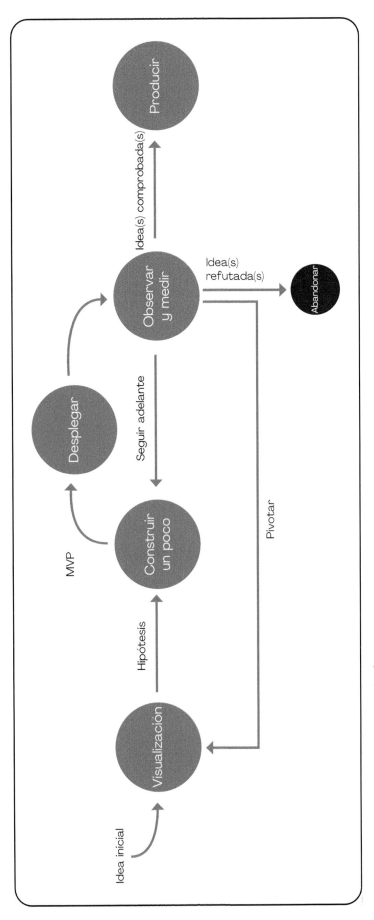

Gráfico 6.10 Ciclo de vida Exploratorio de DAD.

Ciclo de vida exploratorio de DAD

El ciclo de vida exploratorio de DAD, que se muestra en el Gráfico 6.10, se basa en los principios de Lean Startup defendidos por Eric Ries. La filosofía de Lean Startup es minimizar las inversiones iniciales en el desarrollo de nuevos productos/servicios (ofertas) en el mercado a favor de pequeños experimentos [Ries]. La idea es realizar algunos experimentos con clientes potenciales para identificar lo que quieren en función del uso real, aumentando así nuestras posibilidades de producir algo que realmente les interese. Este enfoque de realizar experimentos orientados al cliente para explorar las necesidades del usuario es una estrategia de design thinking importante para explorar "problemas perversos" (wicked problems) en su dominio. Hay varios aspectos críticos en este ciclo de vida:

- **Se trata de un método científico simplificado.** Presentamos una hipótesis de lo que quieren nuestros clientes, desarrollamos uno o más productos mínimos viables (MVP) que se implementan en un subconjunto de clientes potenciales, luego observamos y medimos cómo operan los clientes con los MVP. Basándonos en los datos que recopilamos, decidimos cómo seguiremos adelante. ¿Giramos y repensamos nuestra hipótesis? ¿Retrabajamos uno o más MVP para ejecutar nuevos experimentos basados en nuestra mejor comprensión de las necesidades del cliente? ¿Descartamos una o más ideas? ¿Seguimos adelante con una o más ideas y las "producimos" como ofertas reales para los clientes?
- **Los MVP son inversiones en el aprendizaje.** Los MVP que creamos se construyen apresuradamente, a menudo como "cortina de humo" o código de calidad de prototipo, cuyo único propósito es probar una hipótesis. No son lo "real", ni están destinados a serlo. El MVP es una parte funcional u oferta de servicio que ponemos delante de nuestros clientes potenciales para ver cómo reaccionan a ella. Consulte el Gráfico 6.11 para obtener una visión general de los MVP y los conceptos relacionados.
- **Ejecutar varios experimentos en paralelo.** Idealmente, este ciclo de vida implica realizar varios experimentos en paralelo para explorar nuestra hipótesis. Esta es una mejora sobre Lean Startup, que se centra en un solo experimento a la vez —aunque es más fácil ejecutar un solo experimento a la vez, se tarda más en llegar a una buena idea y, peor aún, se corre el riesgo de identificar una estrategia antes de que se hayan considerado otras opciones.
- **Los experimentos fallidos siguen siendo éxitos.** Algunas organizaciones son reacias a realizar experimentos porque temen fallar, lo cual es desafortunado porque un enfoque exploratorio como este realmente reduce el riesgo de fallas en el producto (que tienden a ser grandes, costosas y vergonzosas). Nuestro consejo es hacer que sea "seguro fallar", reconocer que cuando un experimento tiene un resultado negativo, este es un éxito porque se ha aprendido a bajo costo lo que no funcionará, lo que permite volver a centrarse en buscar algo que lo haga.
- **Seguir otro ciclo de vida para construir el producto real.** Una vez que hemos descubierto una o más ideas que parecen tener éxito en el mercado, tenemos que construir la "solución real". Lo hacemos siguiendo uno de los otros ciclos de Vida de DAD.

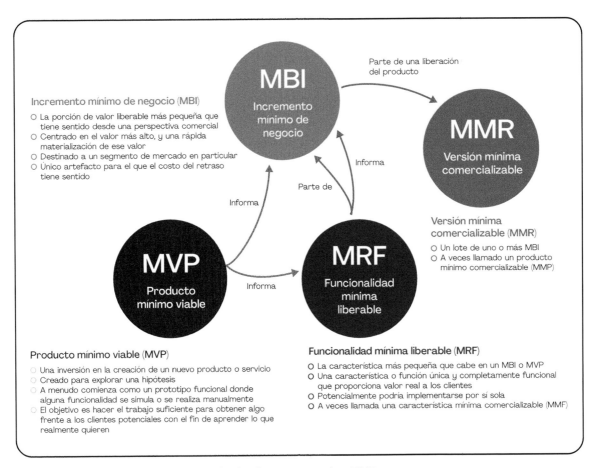

Gráfico 6.11 Exploración de la terminología en torno a los MVP.

A lo largo de los años hemos visto varios sabores diferentes, o quizás varias adaptaciones diferentes es una mejor manera de verlo:

1. **Exploración de una nueva oferta.** La razón más convincente, al menos para nosotros, es aplicar este ciclo de vida para explorar una idea que su organización tiene para un nuevo producto.
2. **Exploración de una nueva característica.** A una escala más pequeña, el ciclo de vida exploratorio es efectivamente la estrategia para ejecutar una prueba A/B o prueba dividida, donde se implementan varias versiones de una nueva característica y se las ejecuta en paralelo para determinar cuál es la más efectiva.

3. **Pruebas de concepto (PoC) paralelas.** Con una PoC, se instala y luego se evalúa un paquete, a veces llamado una solución comercial lista para usar (COTS), dentro de su entorno. Una manera efectiva de disminuir el riesgo en la adquisición de software es ejecutar varias pruebas de concepto en paralelo, una para cada paquete de software potencial que esté considerando, y luego comparar los resultados para identificar la mejor opción disponible. Esto a menudo se denomina "bake-off".

4. **Comparaciones de estrategia.** Algunas organizaciones, particularmente aquellas en entornos muy competitivos, arrancarán con varios equipos inicialmente para que trabajen sobre un producto. Cada equipo trabaja básicamente a través de la Creación, y tal vez incluso un poco de Construcción, con el objetivo de identificar una visión para el producto y probar su estrategia arquitectónica. En este caso, su trabajo es más avanzado que un MVP pero menos avanzado que un MBI. Luego, después de un período, comparan el trabajo de los equipos y eligen el mejor enfoque: el "equipo ganador" puede avanzar y convertirse en el equipo de producto.

Ciclo de vida del programa de DAD para un "Equipo de Equipos"

El ciclo de vida del programa de DAD, que se muestra en el Gráfico 6.12, describe cómo organizar un equipo de equipos. En la práctica, aunque con poca frecuencia, los grandes equipos Ágiles existen. Esta es exactamente la situación que abordan los marcos de referencia de escalamiento como SAFe, LeSS y Nexus. Hay varios aspectos críticos en este ciclo de vida:

- **Hay una fase de Creación explícita.** Nos guste o no, cuando un equipo es nuevo necesitamos invertir algo de tiempo por adelantado para organizarnos, y esto es particularmente cierto para los equipos grandes dado el riesgo adicional que enfrentamos. Debemos hacerlo lo más rápido posible, y la mejor manera es reconocer explícitamente lo que necesitamos hacer y cómo lo haremos.

- **Los subequipos/escuadrones eligen y luego evolucionan su WoW.** Los subequipos, a veces denominados escuadrones, deben poder elegir su propia WoW al igual que cualquier otro equipo. Esto incluye elegir sus propios ciclos de vida, así como sus propias prácticas —para ser claros, algunos equipos pueden estar siguiendo el ciclo de vida Ágil, algunos la Entrega continua: Ciclo de vida Lean, etc. Podemos optar por imponer algunas limitaciones a los equipos, como seguir una guía común y estrategias comunes en torno a la coordinación dentro del programa (captada por la meta del proceso *Coordinar las actividades*). Como lo indica el Gráfico 6.13, tendremos que llegar a un acuerdo sobre cómo proceder con la integración de sistemas entre equipos y las pruebas entre equipos (si fuera necesario). Las opciones para el mismo son capturadas por la meta del proceso *Acelerar la entrega de valor* y la meta del proceso *Desarrollar la estrategia de pruebas*, respectivamente. Donde un marco de referencia como SAFe prescribiría una estrategia tal como un tren de liberación para hacer esto, DAD ofrece opciones y le ayuda a elegir la mejor estrategia para su situación.

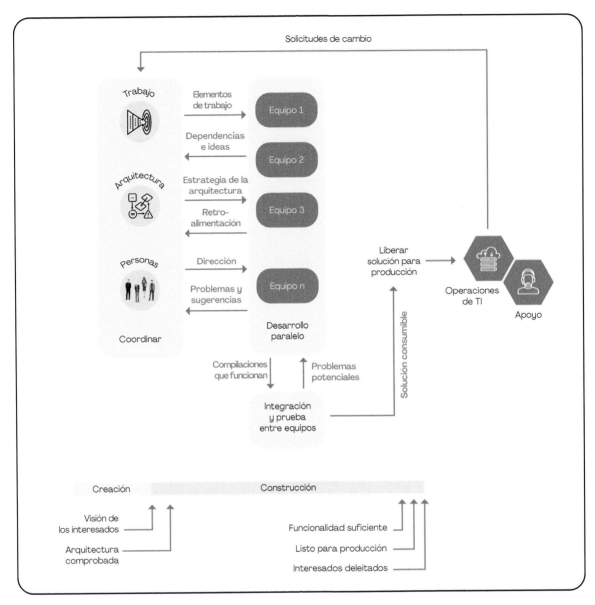

Gráfico 6.12 El ciclo de vida del Programa.

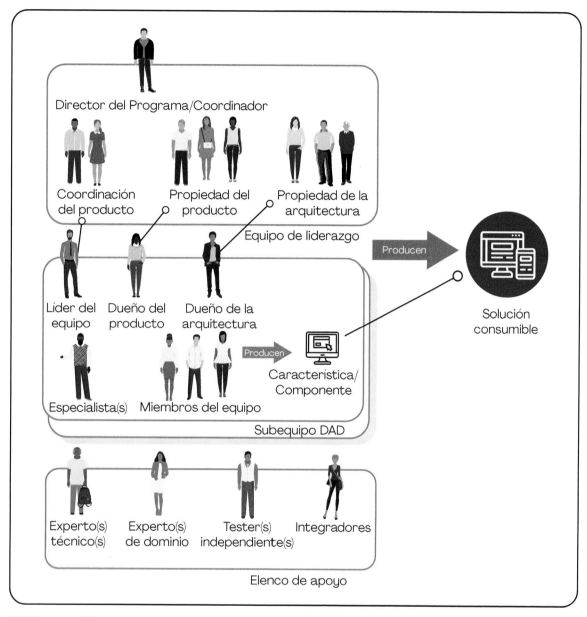

Gráfico 6.13 Una estructura potencial para organizar un gran equipo de equipos.

- **Los subequipos pueden ser equipos de características o equipos de componentes.** Durante años, dentro de la comunidad Ágil ha habido un debate sobre equipos de características versus equipos de componentes. Un equipo de características trabaja en segmentos verticales de funcionalidad, implementando una historia o abordando una solicitud de cambio desde la interfaz de usuario hasta la base de datos. Un equipo de componentes trabaja sobre un aspecto específico de un sistema, como la funcionalidad de seguridad, el procesamiento de transacciones o el registro. Nuestra experiencia es que ambos tipos de equipos tienen su lugar, son aplicables en ciertos contextos pero no en otros, y las estrategias pueden ser, y a menudo son, combinadas en la práctica.

- **La coordinación tiene lugar en tres niveles.** Cuando estamos coordinando entre subequipos, hay tres cuestiones de las que debemos preocuparnos: coordinar el trabajo a realizar, coordinar los problemas técnicos/arquitectónicos y coordinar los problemas de las personas. En el Gráfico 6.13, esta coordinación es realizada respectivamente por los dueños del producto, los dueños de la arquitectura y los líderes del equipo. Los dueños del producto de cada subequipo se auto-organizarán y abordarán entre ellos los problemas de gestión de trabajos/requisitos, asegurándose de que cada equipo esté haciendo el trabajo adecuado en el momento apropiado. Del mismo modo, el equipo de propiedad de la arquitectura se auto-organizará para desarrollar la arquitectura al paso del tiempo y los líderes del equipo se auto-organizarán para gestionar los problemas de las personas que se presentan entre los equipos. Los tres subequipos de liderazgo pueden manejar el tipo de pequeñas correcciones de curso que son comunes a lo largo del tiempo. El equipo puede determinar que necesitan reunirse ocasionalmente para planificar el siguiente bloque de trabajo —esta es una técnica a la que SAFe se refiere como planificación de incrementos del programa (PI) y sugiere que se produzca trimestralmente. Le sugerimos que lo haga cuando tenga sentido.

- **La integración y las pruebas del sistema ocurren en paralelo.** El Gráfico 6.12 muestra que hay un equipo separado para realizar la integración general del sistema y las pruebas entre equipos. Idealmente, este trabajo debe ser mínimo y completamente automatizado en el tiempo. Con frecuencia al principio necesitamos un equipo separado, a menudo debido a la falta de automatización, pero nuestro objetivo debe ser automatizar tanto de este trabajo como sea posible y desplazar al resto hacia los subequipos. Dicho esto, hemos descubierto que las pruebas de usabilidad en toda la solución, y de manera similar las pruebas de aceptación del usuario (UAT), por razones logísticas requieren un esfuerzo separado.

- **Los subequipos son lo más completos que pueden ser.** La mayor parte del esfuerzo de prueba debe ocurrir dentro de los subequipos al igual que lo haría en un equipo Ágil normal, junto con la integración continua (CI) y la implementación continua (CD).

- **Podemos implementar cuando queramos.** Preferimos un enfoque de CD para esto, aunque los equipos nuevos en los programas Ágiles pueden comenzar liberando trimestralmente (o incluso con menos frecuencia) y luego mejorar la cadencia de liberaciones con el tiempo. Los equipos que son nuevos en esto probablemente necesitarán una fase de Transición; las primeras veces algunos los llaman "hardening sprints" (sprints de endurecimiento) o "deployment sprints" (sprints de despliegue). La meta del proceso *Acelerar la entrega de valor* capta varias opciones de liberación para los equipos de entrega y la hoja del proceso de Gestión de liberación [ReleaseManagement] capta opciones para el nivel organizacional.

Una hoja de proceso abarca una colección coherente de opciones de proceso, tales como prácticas y estrategias, que deben elegirse y luego aplicarse de una manera sensible al contexto. Cada hoja de proceso aborda una capacidad específica, como finanzas, gestión de datos, marketing o gestión de proveedores —al igual que las metas de proceso se describen utilizando diagramas de metas de proceso, también se hace para las hojas de proceso.

- **Escalar es difícil.** Algunos problemas requieren un equipo grande, pero para tener éxito necesita saber lo que se está haciendo. Si está teniendo problemas con un equipo pequeño de Ágil, entonces no está listo para Ágil con un equipo grande. Además, como aprendimos en el Capítulo 3, el tamaño del equipo es solo uno de los seis factores de escala con los que nuestro equipo puede tener que lidiar, los otros son la distribución geográfica, la complejidad del dominio, la complejidad técnica, la distribución organizacional y el cumplimiento normativo. Abordamos estos temas con mayor detalle en PMI.org/disciplined-agile/agility-at-scale.

¿Cuándo se debe adoptar cada ciclo de vida?

Cada equipo debe elegir su propio ciclo de vida, pero ¿cómo hacer esto? Es tentador que su equipo de gestión de dirección de portafolios tome esta decisión —al menos para ellos. En el mejor de los casos, deben hacer una sugerencia (con suerte, sólida) cuando comienzan una iniciativa, pero al final el equipo debe elegir el ciclo de vida si se desea que sea eficaz. Esta puede ser una elección difícil, particularmente para los equipos nuevos en Ágil y Lean. Una parte importante de la estructura de decisión del proceso proporcionado por DAD es el asesoramiento para elegir un ciclo de vida, incluido el diagrama de flujo del Gráfico 6.14.

Por supuesto, hay algo más que este diagrama de flujo. El Gráfico 6.15 resume lo que hemos determinado que son factores importantes, provenientes del Situation Context Framework (SCF) [SCF] (Marco de referencia del Contexto de la Situación), a considerar al seleccionar un ciclo de vida. Los factores limitantes que tenemos en cuenta al elegir un ciclo de vida de entrega incluyen:

1. **Habilidades del equipo.** Los dos ciclos de vida de entrega continua (CD) requieren que el equipo tenga mucha habilidad y disciplina. Los otros ciclos de vida de DAD también requieren habilidad y disciplina, aunque se destacan los dos ciclos de vida de CD. Con el ciclo de vida en serie, puede salirse con la suya con personas menos calificadas —debido a la naturaleza orientada a la transferencia del ciclo de vida en serie, puede dotar de personal a cada fase con especialistas estrechamente calificados. Dicho esto, hemos visto muchos equipos tradicionales con personas muy calificadas en ellos.
2. **Equipo y cultura organizacional.** Los ciclos de vida Ágil y de Entrega continua requieren flexibilidad dentro del equipo y dentro de las partes de la organización con las que interactúa el equipo. Las estrategias Lean pueden ser aplicadas en organizaciones con un rango variable de flexibilidad. Serie puede ser, y a menudo es, aplicado en situaciones muy rígidas.

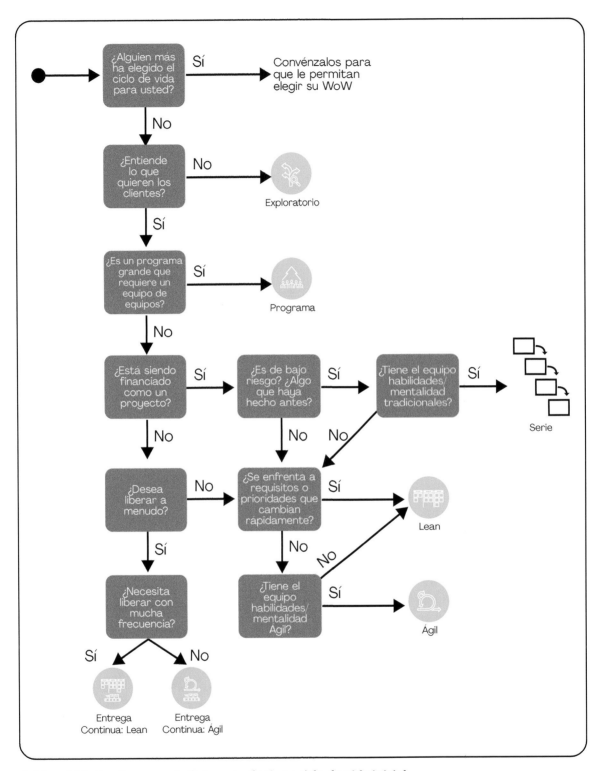

Gráfico 6.14 Un diagrama de flujo para elegir un ciclo de vida inicial.

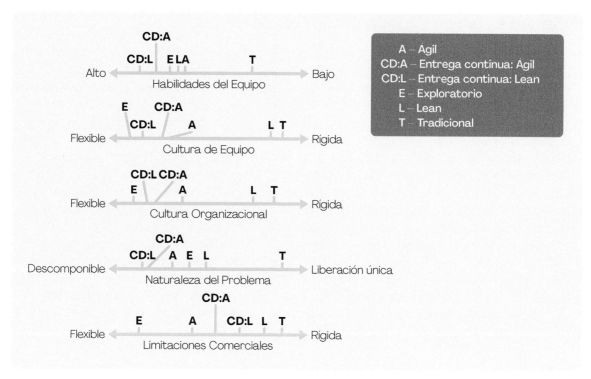

Gráfico 6.15 Factores de selección para elegir un ciclo de vida.

3. **La naturaleza del problema.** Los ciclos de vida de Entrega continua funcionan muy bien cuando se puede construir y liberar en incrementos muy pequeños. Los otros ciclos de vida de DAD funcionan muy bien en pequeños incrementos. El ciclo de vida en serie está realmente diseñado para liberaciones grandes.

4. **Limitaciones comerciales.** La cuestión clave aquí es la disponibilidad y la disposición de las partes interesadas, aunque la flexibilidad financiera/de financiación también es esencial. El ciclo de vida Exploratorio requiere una mentalidad flexible, orientada al cliente y experimental por parte de los interesados. Ágil, debido a que tiende a liberar funcionalidad en términos de características completas, también requiere flexibilidad en la forma en que interactuamos con los interesados. Sorprendentemente, los ciclos de vida de Entrega continua requieren menos flexibilidad por parte de los interesados debido a que pueden liberar funcionalidades que están inactivas, lo que proporciona un mayor control sobre cuándo se libera algo (simplemente activándolo).

El objetivo del proceso *Evolucionar el WoW* incluye un punto de decisión que cubre las compensaciones asociadas con los seis ciclos de vida de DAD, además de algunos otros que aún no son soportados explícitamente por DAD (como en el caso de ciclo de vida en serie).

Diferentes ciclos de vida con hitos comunes

En muchas de las organizaciones a las que hemos ayudado a adoptar DA, los altos directivos, y a menudo la gerencia intermedia, al principio son muy reacios a permitir que los equipos de entrega elijan su WoW. El reto es que su mentalidad tradicional a menudo les dice que los equipos deben seguir el mismo "proceso repetible" para que el liderazgo sénior pueda supervisarlos y guiarlos. Hay dos conceptos erróneos significativos con esta mentalidad: En primer lugar, podemos tener una gobernanza común entre los equipos sin imponer un proceso común. Un facilitador fundamental para esto es adoptar hitos comunes basados en el riesgo (no basados en artefactos) a lo largo de los ciclos de vida. Esto es exactamente lo que hace DAD, y estos hitos comunes se muestran en el Gráfico 6.16. En segundo lugar, los resultados repetibles son mucho más importantes que los procesos repetibles. Nuestros interesados quieren que gastemos su inversión en TI sabiamente. Quieren que produzcamos—y desarrollemos—soluciones que satisfagan sus necesidades reales. Quieren estas soluciones rápidamente.Quieren soluciones que les permitan competir de manera efectiva en el mercado. Estos son los tipos de resultados que a los interesados les gustaría obtener una y otra vez (por ejemplo, repetidamente); realmente no están tan preocupados por los procesos que seguimos para hacer esto. Para obtener más información sobre estrategias de gobernanza efectivas para equipos Ágiles/Lean, consulte la meta del proceso *Dirigir al equipo*.

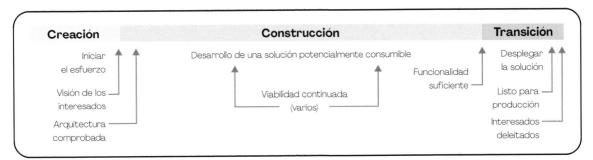

Gráfico 6.16 Hitos comunes a lo largo de los ciclos de vida.

Exploremos los hitos de DAD basados en el riesgo con un poco más de detalle:

1. **Visión de los interesados.** El objetivo de la fase de Creación es invertir un tiempo corto, pero suficiente, generalmente de unos pocos días a unas pocas semanas, para obtener el acuerdo de los interesados sobre que la iniciativa tiene sentido y se debe continuar a la fase de Construcción. Al abordar cada una de las metas de Creación de DAD, el equipo de entrega captará la información *inicial* tradicional del proyecto relacionada con el alcance, la tecnología, el cronograma, el presupuesto, los riesgos y otra información, aunque de la manera más sencilla posible. Esta información es consolidada y presentada a los interesados como una declaración de visión tal como se describe en la meta del proceso *Desarrollar la visión* común. El formato de la visión y la formalidad de la revisión variarán según su situación. Una práctica típica es revisar un breve conjunto de diapositivas con los interesados clave al final de la fase de Creación, para asegurarse de que todos estén en la misma página con respecto a la intención del proyecto y el enfoque de entrega.

2. **Arquitectura comprobada.** La mitigación temprana del riesgo es parte de cualquier buena disciplina de ingeniería. Como indica la meta del proceso *Probar la arquitectura tempranamente*, hay varias estrategias cuya adopción se puede elegir. La más efectiva de las mismas es construir un esqueleto integral de código de trabajo que implemente requisitos empresariales técnicamente riesgosos. Una responsabilidad clave del rol de dueño de la arquitectura DAD es identificar los riesgos durante la fase de Creación. Se espera que estos riesgos se hayan reducido o eliminado mediante la implementación de la funcionalidad relacionada, en algún momento entre una y tres iteraciones en la fase de Construcción. Como resultado de la aplicación de este enfoque, las revisiones/demostraciones de iteración temprana a menudo muestran la capacidad de la solución para soportar requisitos no funcionales además de, o en lugar de, requisitos funcionales. Por esta razón, es importante que los interesados conocedores de la arquitectura tengan la oportunidad de participar en estas revisiones de hitos.

Las fases explícitas y la gobernanza hacen que Ágil sea más apetecible para la gerencia

Daniel Gagnon ha estado a la vanguardia de la práctica y la entrega Ágil durante casi una década en dos de las instituciones financieras más grandes de Canadá. Tuvo que decir esto sobre el uso de DA como un kit de herramientas general: "En las dos grandes financieras en las que he trabajado, me propuse demostrar las ventajas pragmáticas de usar DA como un enfoque 'por todo lo alto'. La adaptación de procesos en organizaciones grandes y complejas revela claramente la necesidad de un gran número de implementaciones específicas del contexto de los cuatro (ahora cinco) ciclos de vida, y DA permite un espectro de posibilidades al que ningún otro marco de referencia se adapta. Sin embargo, llamamos a esto "libertad estructurada", ya que todas las opciones aún se rigen por la aplicación de Creación, Construcción y Transición de DA con hitos livianos y basados en el riesgo. Estas fases resultan familiares para las PMO, lo que significa que no estamos llevando a cabo un ataque frontal contra su posición fortificada, sino más bien introduciendo un cambio de gobernanza de una manera lean, iterativa e incremental".

3. **Viabilidad continua.** Un hito opcional para incluir en su cronograma de liberación está relacionado con la viabilidad del proyecto. En ciertos momentos durante un proyecto, los interesados pueden solicitar un punto de control para asegurarse de que el equipo esté trabajando con la mira en la visión acordada al final de la Creación. Programar estos hitos garantiza que los interesados conozcan las fechas clave en las que deben reunirse con el equipo para evaluar el estado del proyecto y acordar cambios si son necesarios. Estos cambios podrían incluir cualquier cosa, como los niveles de financiación, la composición del equipo, el alcance, la evaluación del riesgo o incluso la posible cancelación del proyecto. Podrían existir varios de estos hitos en un proyecto de larga duración. Sin embargo, en lugar de tener esta revisión de hitos, la solución real es liberar a producción más a menudo. La utilización real, o la falta de la misma, proporcionará una indicación muy clara de si su solución es viable.

4. **Funcionalidad suficiente.** Si bien vale la pena perseguir la meta de una solución consumible (lo que Scrum llama un incremento potencialmente enviable) al final de cada iteración, es más común requerir una serie de iteraciones de Construcción antes de que el equipo haya implementado suficiente funcionalidad para poderla desplegar. Si bien a veces se hace referencia a esto como un producto mínimo viable (MVP), esto no es técnicamente exacto ya que, clásicamente, un MVP está destinado a probar la viabilidad de un producto en lugar de ser una indicación de una funcionalidad desplegable mínima. El término más preciso para comparar con este hito sería "conjunto mínimo de funcionalidades" o "incremento mínimo de negocio" (MBI), como muestra el Gráfico 6.11. Un MBI es la mejora viable más pequeña a un producto/servicio existente que entregue un valor materializado para un cliente. Un MBI comprenderá una o más funcionalidades mínimas comercializables (MMF), y una MMF proporciona un resultado positivo a los usuarios finales de nuestra solución. Es posible que sea necesario implementar un resultado a través de varias historias de usuarios. Por ejemplo, la búsqueda de un artículo en un sistema de comercio electrónico no añade valor a un usuario final si no puede añadir también los artículos encontrados a su carrito de compras. El hito de funcionalidad suficiente de DAD se alcanza al final de la fase de construcción cuando queda disponible un MBI, además que el costo de la transición de la liberación a los interesados queda justificado. Como ejemplo, si bien puede estar disponible un incremento de una solución consumible con cada iteración de 2 semanas, puede tomar varias semanas implementarla en un entorno de alto cumplimiento, por lo que el costo de implementación puede no quedar justificado hasta que se complete una mayor cantidad de funcionalidad.

5. **Listo para producción.** Una vez que se ha desarrollado y probado suficiente funcionalidad, normalmente deben completarse las actividades relacionadas con la transición, como las conversiones de datos, las pruebas de aceptación final, la producción y la documentación relacionada con el soporte. Idealmente, gran parte del trabajo se ha realizado continuamente durante la fase de Construcción como parte de completar cada incremento de funcionalidad. En algún momento, se debe tomar la decisión de que la solución está lista para la producción, que es el propósito de este hito. Los dos ciclos de vida basados en proyectos incluyen una fase de Transición en la que el hito Listo para producción se implementa generalmente como una

MVP frente a MBI

Daniel Gagnon aporta este consejo: Piense en un MVP como algo que la organización hace por razones **egoístas**. Se trata de aprender, no de proporcionar al cliente una solución completa (¡o a veces incluso vagamente funcional!), mientras que un MBI es **altruista** —se trata de las necesidades del cliente.

revisión. Los dos ciclos de vida de entrega continua, por el contrario, tienen una actividad de transición/liberación completamente automatizada en la que este hito se aborda de forma programática: típicamente, la solución debe pasar las pruebas de regresión automatizada y las herramientas de análisis automatizadas deben determinar que la solución es de suficiente calidad.

6. **Interesados deleitados.** Obviamente, a los órganos de gobernanza y a otros interesados les gusta saber cuándo finaliza oficialmente la iniciativa, de modo que puedan comenzar otra liberación o dirigir los fondos a otro lugar. La iniciativa no termina cuando se implementa la solución. Con los proyectos, a menudo hay actividades de cierre, como capacitación, ajuste de implementación, transferencias de soporte, revisiones posteriores a la implementación o incluso períodos de garantía, antes de que la solución se considere completa. Uno de los principios de DA es deleitar a los clientes, lo que sugiere que los clientes "satisfechos" están poniendo el listón demasiado bajo. Necesitamos verificar si hemos deleitado a nuestros interesados, generalmente a través de la recopilación y el análisis de métricas apropiadas, a veces llamadas "obtención de beneficios".

Los ciclos de vida son solo puntos de partida

Los equipos de DAD a menudo evolucionarán de un ciclo de vida a otro. Esto se debe a que los equipos de DAD siempre se esfuerzan por Optimizar el flujo, a mejorar su WoW a medida que aprenden a través de sus experiencias y a través de la experimentación intencional. El Gráfico 6.17 muestra las rutas de evolución comunes por las que hemos visto pasar a los equipos. Los tiempos indicados en el Gráfico 6.17 reflejan nuestras experiencias cuando los equipos cuentan con el apoyo de la capacitación Disciplined Agile® (DA) y un Disciplined Agile Coach (DAC)™ —sin estos, son de esperar tiempos más largos y, lo más probable, costos totales más altos, en promedio. Al ayudar a un equipo tradicional a pasar a una WoW más efectiva, un enfoque común es comenzar con el ciclo de vida Ágil. Se trata de un enfoque de "hundirse o nadar" que la experiencia demuestra que puede ser muy eficaz, pero que puede resultar difícil en culturas que se resisten al cambio. Un segundo camino que se muestra en este diagrama es iniciar equipos tradicionales con un enfoque Lean Kanban [Anderson] en el que el equipo comienza con su WoW existente y lo hace evolucionar con el tiempo a través de pequeños cambios en el ciclo de vida Lean. Si bien esto es menos perjudicial, puede dar lugar a una tasa de mejora mucho más lenta, ya que los equipos a menudo continúan trabajando en silos con columnas de tablero kanban que representan especialidades tradicionales.

La evolución del ciclo de vida es algo bueno

Para ser claros, creemos que Scrum es genial y está en el corazón de nuestros dos ciclos de vida Ágiles. Sin embargo, hemos visto una reacción creciente en la comunidad de Ágil contra sus aspectos prescriptivos. Como describimos en nuestro libro de *Introduction to Disciplined Agile Delivery*, en la práctica vemos regularmente a los equipos avanzados de Scrum/Agile despojándose de lo que se desperdicia en el proceso en Scrum, como reuniones diarias, planificación, estimación y retrospectivas a medida que se "vuelven Lean". La comunidad de Scrum se apresura a excluir tales comportamientos como "Scrum ... pero": haciendo algo de Scrum, pero no todo. Sin embargo, vemos esto como una evolución natural, ya que el equipo reemplaza las actividades derrochadoras con la entrega de valor agregado. La naturaleza de estos equipos que colaboran naturalmente todo el día, todos los días, significa que no necesitan realizar tales ceremonias en una cadencia diferida, prefiriendo realizar estas cosas cuando sea necesario según una base de JIT. Creemos que esto es algo bueno y natural.

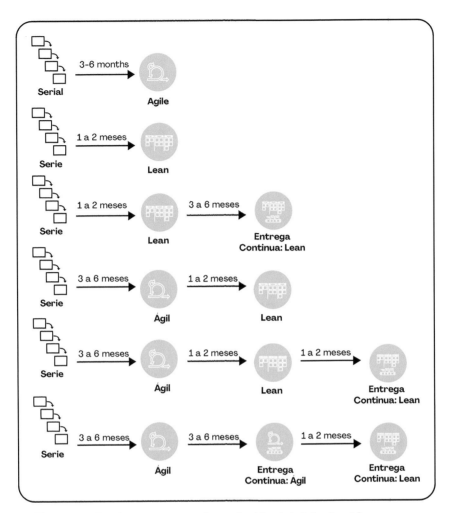

Gráfico 6.17 Caminos comunes de evolución del ciclo de vida.

Lo que el Gráfico 6.17 no muestra es dónde encajan los ciclos de vida del Programa o Exploratorio. En primer lugar, esto de alguna manera se aplica al ciclo de vida del Programa. Puede adoptar un enfoque de programa Ágil (similar a lo que en la práctica hacen los marcos de referencia de escalamiento como Nexus, SAFe y LeSS), donde el programa libera grandes incrementos con una cadencia periódica (por ejemplo, trimestralmente). También se puede tomar un enfoque de programa Lean, donde los subequipos transfieren la funcionalidad a producción, y luego a nivel de programa ésta es activada cuando tiene sentido hacerlo. En segundo lugar, el enfoque del diagrama está en los ciclos de vida de entrega completa, mientras que el ciclo de vida Exploratorio no es un ciclo de vida de entrega completa por derecho propio. Por lo general, se utiliza para probar una hipótesis con respecto a una oferta potencial de mercado; cuando la idea se ha desarrollado lo suficiente y parece que el producto tendrá éxito, el equipo cambia a uno de los ciclos de vida de entrega del Gráfico 6.17. De esa manera, reemplaza para el equipo una buena parte de los esfuerzos de la fase de Creación. Otro escenario común es que un equipo está en medio del desarrollo y se da cuenta de que tiene una nueva idea sobre una característica importante que debe explorarse mejor antes de invertir un esfuerzo de desarrollo serio en la misma. Por lo tanto, el equipo cambiará al ciclo de vida Exploratorio durante el tiempo que sea necesario para desarrollar la idea de la característica o para refutar su viabilidad en el mercado.

En Resumen

En este capítulo, hemos explorado varios conceptos clave:

- Algunos equipos dentro de su organización continuarán siguiendo un ciclo de vida en serie: DAD reconoce explícitamente esto, pero no proporciona apoyo para esta categoría de trabajo cada vez más reducida.
- DAD proporciona la estructura necesaria para elegir entre, y luego desarrollar, seis ciclos de vida de entrega de soluciones (SDLC) basados en estrategias Ágiles o Lean.
- Los ciclos de vida basados en proyectos, incluso los Ágiles y Lean, pasan por fases.
- Cada ciclo de vida tiene sus ventajas y desventajas; cada equipo necesita elegir el que mejor refleje su contexto.
- Los hitos comunes basados en el riesgo permiten una gobernanza consistente —no es necesario forzar el mismo proceso en todos sus equipos para poder gobernarlos.
- Un equipo comenzará con un ciclo de vida dado y a menudo lo hará evolucionar alejándose de él a medida que mejora continuamente su WoW.

Capítulo 7

Éxito Disciplinado

Algunas personas han llamado "complicada" a Disciplined Agile Delivery (DAD) porque se centra en ayudarlo a elegir una forma de trabajo adecuada para el propósito (WoW), en lugar de simplemente mencionarle una pequeña colección de "mejores prácticas" que debe seguir. Esto es desafortunado, ya que la incómoda verdad es que la entrega efectiva de soluciones de TI nunca ha sido sencilla y nunca lo será. El kit de herramientas de Disciplined Agile (DA) simplemente muestra la complejidad inherente a la que nos enfrentamos como profesionales en entornos de clase empresarial, y le entrega las herramientas para navegar por esa complejidad.

Si está practicando Ágil, ya está usando DA

Por ejemplo, considere Scrum. Scrum es un subconjunto de dos de los ciclos de vida de DAD. Entonces, si solo está practicando Scrum, esencialmente está llevando a cabo una forma de DAD. Sin embargo, si Scrum es todo a lo que está haciendo referencia, es probable que no esté al tanto de algunas cosas en las que debería estar pensando, o que no use algunas prácticas suplementarias para ayudarlo a ser más efectivo. En nuestra experiencia, si está luchando para ser eficaz con Ágil, puede ser que no esté al tanto de las estrategias para ayudarlo o que esté recibiendo consejos de coaches Ágiles inexpertos, sin conocimiento o puristas.

DA es Ágil para la empresa

Desafortunadamente, nuestra industria está llena de "líderes de pensamiento" que creen que su camino es el único camino verdadero, a menudo porque es todo lo que entienden. DA se basa en observaciones empíricas de una amplia gama de industrias, organizaciones y todo tipo de iniciativas, tanto basadas en proyectos como en productos, grandes y pequeños. La flexibilidad y adaptabilidad inherentes de DA es una de las razones por las que resulta un kit de herramientas tan útil. DA *tiene sentido solo* porque favorece:

1. Enfoques pragmáticos y agnósticos *en lugar de* los puristas;
2. Decisiones basadas en el contexto *en lugar de* enfoques únicos para todos; y
3. Elección de estrategias *en lugar de* enfoques prescriptivos.

Si usted es una "tienda de Scrum", es muy probable que esté perdiendo algunas grandes oportunidades para optimizar su forma de trabajar. Scrum es en realidad un ciclo de vida fenomenalmente malo para usar en muchas situaciones, lo cual es por lo que su organización tiene equipos que adoptan un enfoque basado en Lean/Kanban, u otro enfoque que no sea Scrum, incluso mientras lee esto. Si confía únicamente en Scrum o en un marco referencia de escalamiento basado en Scrum, como SAFe, Nexus o LeSS, le recomendamos que amplíe sus horizontes con DA para exponer enfoques y prácticas más adecuados.

Aprenda más rápido para tener éxito antes

Ágil es aficionado a la frase "fallar rápido", lo que significa que cuanto más rápido fallamos y aprendemos de nuestros errores, más rápido llegamos a lo que necesitamos. Nuestra experiencia es que al hacer referencia a estrategias probadas basadas en el contexto, fracasamos menos y tenemos éxito antes. En nuestro trabajo diario, tomamos decisiones continuamente, por lo que llamamos a DA un kit de herramientas de decisión de procesos. Sin hacer referencia al kit de herramientas para ayudar con la toma de decisiones, a veces olvidamos cosas que necesitamos considerar, o tomamos malas decisiones con respecto a qué técnicas experimentar para mejorar nuestra WoW. DA muestra los puntos de decisión para el debate, haciendo que lo implícito quede explícito. Por ejemplo, al comenzar una iniciativa en Creación y referirse al diagrama de metas "Desarrollar estrategia de prueba", es como si un entrenador le diera un golpecito en el hombro y le preguntara: "¿Cómo probaremos esta cosa?"; "¿Qué entornos necesitamos?"; "¿Dónde conseguiremos los datos?"; "¿Qué herramientas?"; "¿Cuánto representa automatizado versus manual?"; y "¿Probamos primero o después?" Al presentar estas decisiones críticas para que sean consideradas explícitamente por parte de su equipo, reducimos el riesgo de olvidar cosas y aumentamos su probabilidad de elegir una estrategia que funcione bien para usted. A esto lo llamamos mejora continua guiada (GCI).

Use el navegador de DA

Hemos publicado los diagramas de metas en PMI.org/disciplined-agile/process/introduction-to-dad/process-goals para que disponga de una referencia rápida. Si desea acceder a los detalles detrás de los diagramas de metas, están en línea en PMI.org/disciplined-agile/da-browser. En la práctica, hacemos referencia regularmente a los diagramas de metas en nuestro coaching para señalar por qué ciertas prácticas son menos efectivas que otras en ciertas situaciones, y qué alternativas deberíamos considerar. Lleve su dispositivo favorito a sus retrospectivas, y si su equipo está luchando con el cumplimiento efectivo de una meta del proceso, revise con qué opciones y herramientas puede experimentar para remediar la situación. Si usted es un facilitador, la DA debe hacerle más eficaz para ayudar a los equipos a comprender las opciones y compensaciones que tienen a su disposición.

Invierta en la certificación para retener sus nuevos conocimientos

Estamos seguros de que ha aprendido sobre nuevas técnicas en este libro que lo convertirán en un mejor profesional practicante de Ágil, aumentando las posibilidades de éxito en sus iniciativas. La clave es no dejar que estas nuevas ideas se desvanezcan de la memoria. Le animamos a cimentar este nuevo conocimiento estudiando el contenido para preparar y realizar las pruebas de certificación. Las pruebas son difíciles, pero pasarlas da como resultado una certificación valiosa y creíble, realmente digna de actualizar su perfil en LinkedIn. Las empresas con las que hemos trabajado han observado que sus equipos que han hecho la inversión en aprendizaje y certificación toman mejores decisiones y, por lo tanto, son más efectivos que los equipos que no entienden sus opciones y compensaciones. Mejores decisiones conducen a mejores resultados.

Realice la inversión en aprender este material y demostrarlo a través de la certificación. Será un mejor agilista, y aquellos a su alrededor se darán cuenta. Puede obtener más información acerca del Recorrido para Certificación en Ágil del PMI® en PMI.org/certifications/agile-certifications.

Involúcrese

También le sugerimos que participe en la comunidad de Disciplined Agile. De la comunidad emergen nuevas ideas y prácticas y son incorporadas continuamente en la DA. Aprendamos los unos de los otros mientras todos buscamos continuar aprendiendo y dominando nuestro oficio.

Referencias

[AgileDocumentation] *Agile/Lean Documentation: Strategies for Agile Software Development.* AgileModeling.com/essays/agileDocumentation.htm

[AgileModeling] Agile Modeling Home Page. AgileModeling.com

[AmblerLines2012] *Disciplined Agile Delivery: A Practitioner's Guide to Agile Software Delivery in the Enterprise.* Scott Ambler & Mark Lines, 2012, IBM Press.

[AmblerLines2017] *An Executive's Guide to Disciplined Agile: Winning the Race to Business Agility.* Scott Ambler & Mark Lines, 2017, Disciplined Agile Consortium.

[Anderson] *Kanban: Successful Evolutionary Change for Your Technology Business.* David J. Anderson, 2010, Blue Hole Press.

[Beck] *Extreme Programming Explained: Embrace Change (2nd Edition).* Kent Beck & Cynthia Andres, 2004, Addison-Wesley Publishing.

[Brooks] *The Mythical Man-Month, 25th Anniversary Edition.* Frederick P. Brooks Jr., 1995, Addison-Wesley.

[CMMI] *The Disciplined Agile Framework: A Pragmatic Approach to Agile Maturity.* DisciplinedAgileConsortium.org/resources/Whitepapers/DA-CMMI-Crosstalk-201607.pdf

[CockburnHeart] Heart of Agile Home Page. HeartOfAgile.com

[CoE] Centers of Excellence (CoE). PMI.org/disciplined-agile/people/centers-of-excellence

[ContinuousImprovement] Continuous Improvement. PMI.org/disciplined-agile/process/continuous-improvement

[CoP] Communities of Practice (CoPs). PMI.org/disciplined-agile/people/communities-of-practice

[Coram] *Boyd: The Fighter Pilot Who Changed the Art of War.* Robert Coram, 2004, Back Bay Books.

[Cynefin] *A Leader's Framework for Decision Making.* David J. Snowden & Mary E. Boone, *Harvard Business Review*, noviembre 2007. hbr.org/2007/11/a-leaders-framework-for-decision-making

[DABrowser] The Disciplined Agile Browser. PMI.org/disciplined-agile/da-browser

[DADRoles] Roles on DAD Teams. PMI.org/disciplined-agile/people/roles-on-dad-teams

[DAHome] Disciplined Agile Home Page. PMI.org/disciplined-agile

[DALayers] Layers of the Disciplined Agile Tool Kit. PMI.org/disciplined-agile/ip-architecture/layers-of-the-disciplined-agile-tool-kit

[Deming] *The New Economics for Industry, Government, Education.* W. Edwards Deming, 2002, MIT Press.

[Denning] *The Agile of Agile: How Smart Companies Are Transforming the Way Work Gets Done.* Stephen Denning, 2018, AMACON.

[Doer] *Measure What Matters: How Google, Bono, and the Gates Foundation Rock the World with OKRs.* John Doer, 2018, Penguin Publishing Group.

[DSDM] *Dynamic Systems Development Method (DSDM).* Jennifer Stapleton, 1997, Addison-Wesley Professional.

[ExecutableSpecs] *Specification by Example: How Successful Teams Deliver the Right Software.* Gojko Adzic, 2011, Manning Press.

[Fowler] *The State of Agile Software in 2018.* Martin Fowler, MartinFowler.com/articles/agile-aus-2018.html

[Gagnon] *A Retrospective on Years of Process Tailoring Workshops.* Daniel Gagnon, 2018, ProjectManagement.com/blog-post/61957/A-retrospective-on-years-of-process-tailoring-workshops

[GenSpec] *Generalizing Specialists: Improving Your IT Career Skills.* AgileModeling.com/essays/generalizingSpecialists.htm

[Goals] Process Goals. PMI.org/disciplined-agile/process-goals

[Goldratt] *The Goal: A Process of Ongoing Improvement—3rd Revised Edition.* Eli Goldratt, 2004, North River Press.

[Google] *Five Keys to a Successful Google Team.* Julia Rozovsky, n.d., https://rework.withgoogle.com/blog/five-keys-to-a-successful-google-team/

[GQM] *The Goal Question Metric Approach.* Victor R. Basili, Gianluigi Caldiera, & H. Dieter Rombach, 1994, http://www.cs.toronto.edu/~sme/CSC444F/handouts/GQM-paper.pdf

[Highsmith] *Agile Software Development Ecosystems.* Jim Highsmith, 2002, Addison-Wesley.

[Host] The Host Leadership Community. HostLeadership.com

[HumbleFarley] *Continuous Delivery: Reliable Software Releases through Build, Test, and Deployment Automation.* Jez Humble & David Farley, 2010, Addison-Wesley Professional.

[Kim]. *DevOps Cookbook.* RealGeneKim.me/devops-cookbook/

[Kerievsky] *Modern Agile.* ModernAgile.org/

[Kersten] *Project to Product: How to Survive and Thrive in the Age of Digital Disruption With the Flow Framework.* Mik Kersten, 2018, IT Revolution Press.

[Kerth] *Project Retrospectives: A Handbook for Team Reviews.* Norm Kerth, 2001, Dorset House.

[Kotter] *Accelerate: Building Strategic Agility for a Faster Moving World*. John P. Kotter, 2014, Harvard Business Review Press.

[Kruchten] *The Rational Unified Process: An Introduction 3rd Edition*. Philippe Kruchten, 2003, Addison-Wesley Professional.

[LeanChange1] *The Lean Change Method: Managing Agile Organizational Transformation Using Kanban, Kotter, and Lean Startup Thinking*. Jeff Anderson, 2013, Createspace.

[LeanChange2] Lean Change Management Home Page. LeanChange.org

[LeSS] *The LeSS Framework*. LeSS.works.

[LifeCycles] Full Agile Delivery Life Cycles. PMI.org/disciplined-agile/lifecycle

[Liker] *The Toyota Way: 14 Management Principles from the World's Greatest Manufacturer*. Jeffery K. Liker, 2004, McGraw-Hill.

[LinesAmbler2018] *Introduction to Disciplined Agile Delivery 2nd Edition: A Small Agile Team's Journey from Scrum to Disciplined DevOps*. Mark Lines & Scott Ambler, 2018, Project Management Institute.

[Manifesto] *The Agile Manifesto*. AgileManifesto.org

[MCSF] *Team of Teams: New Rules of Engagement for a Complex World*. S. McChrystal, T. Collins, D. Silverman, & C. Fussel, 2015, Portfolio.

[Meadows] *Thinking in Systems: A Primer*. Daniella H. Meadows, 2015, Chelsea Green Publishing.

[Nonaka] *Toward Middle-Up-Down Management: Accelerating Information Creation*. Ikujiro Nonaka, 1988, https://sloanreview.mit.edu/article/toward-middleupdown-management-accelerating-information-creation/

[Nexus] *The Nexus Guide*. Scrum.org/resources/nexus-guide

[Pink] *Drive: The Surprising Truth About What Motivates Us*. Daniel H. Pink, 2011, Riverhead Books.

[Poppendieck] *The Lean Mindset: Ask the Right Questions*. Mary Poppendieck & Tom Poppendieck, 2013, Addison-Wesley Professional.

[Powers] *Powers' Definition of the Agile Mindset*. AdventuresWithAgile.com/consultancy/powers-definition-agile-mind-set/

[Prison] Tear Down the Method Prisons! Set Free the Practices! I. Jacobson & R. Stimson, *ACM Queue*, enero/febrero 2019.

[Reifer] *Quantitative Analysis of Agile Methods Study (2017): Twelve Major Findings*. Donald J. Reifer, 2017, InfoQ.com/articles/reifer-agile-study-2017

[Reinertsen] *The Principles of Product Development Flow: Second Generation Lean Product Development*. Donald G. Reinertsen, 2012, Celeritis Publishing.

[ReleaseManagement] Release Management. PMI.org/disciplined-agile/process/release-management

[Ries] *The Lean Startup: How Today's Entrepreneurs Use Continuous Innovation to Create Radically Successful Businesses*. Eric Ries, 2011, Crown Business.

[RightsResponsibilities] Team Member Rights and Responsibilities. PMI.org/disciplined-agile/people/rights-and-responsibilities

[Rubin] *Essential Scrum: A Practical Guide to the Most Popular Process*. Ken Rubin, 2012, Addison-Wesley Professional.

[SAFe] *SAFe 4.5 Distilled: Applying the Scaled Agile Framework for Lean Enterprises (2nd Edition)*. Richard Knaster & Dean Leffingwell, 2018, Addison-Wesley Professional.

[SCF] *Scaling Agile: The Situation Context Framework*. PMI.org/disciplined-agile/agility-at-scale/tactical-agility-at-scale/scaling-factors

[SchwaberBeedle] *Agile Software Development With SCRUM*. Ken Schwaber & Mike Beedle, 2001, Pearson.

[Schwartz] *The Art of Business Value*. Mark Schwartz, 2016, IT Revolution Press.

[ScrumGuide] *The Scrum Guide*. Jeff Sutherland & Ken Schwaber, 2018, Scrum.org/resources/scrum-guide

[SenseRespond] *Sense & Respond: How Successful Organizations Listen to Customers and Create New Products Continuously*. Jeff Gothelf & Josh Seiden, 2017, Harvard Business Review Press.

[Sheridan] *Joy, Inc.: How We Built a Workplace People Love*. Richard Sheridan, 2014, Portfolio Publishing.

[SoftDev18] *2018 Software Development Survey Results*. Ambysoft.com/surveys/softwareDevelopment2018.html

[Sutherland] *Scrum: The Art of Doing Twice the Work in Half the Time*. Jeff Sutherland & J. J. Sutherland, 2014, Currency.

[Tailoring] Process Tailoring Workshops. PMI.org/disciplined-agile/process/process-tailoring-workshops

[TDD] *Introduction to Test-Driven Development (TDD)*. Scott Ambler, 2004, AgileData.org/essays/tdd.html

[WomackJones] *Lean Thinking: Banish Waste and Create Wealth in Your Corporation*. James P. Womack & Daniel T. Jones, 1996, Simon & Schuster.

[WickedProblemSolving] Wicked Problem Solving. PMI.org/wicked-problem-solving

Siglas y abreviaturas

AIC	agile industrial complex / Complejo Industrial Ágil
AINO	agile in name only / ágil solo de nombre
AO	architecture owner / dueño de la arquitectura
ATDD	acceptance test-driven development / desarrollo impulsado por pruebas de aceptación
BA	business analyst / analista de negocios
BDD	behavior-driven development / desarrollo impulsado por el comportamiento
CAS	complex adaptive system / sistema adaptativo complejo
CCB	change control board / comité de control de cambios
CD	continuous deployment / despliegue continuo
CI	continuous integration / integración continua
	continuous improvement / mejora continua
CMMI	Capability Maturity Model Integration / Capability Maturity Model Integration
CoE	center of expertise / centro de conocimiento
	center of excellence / centro de excelencia
CdP	community of practice / comunidad de práctica
COTS	commercial off the shelf / productos comerciales listos para usar
DA	Disciplined Agile / Disciplined Agile
DAE	Disciplined Agile Enterprise / Disciplined Agile Enterprise
DBA	database administrator / administrador de base de datos
DevOps	Development-Operations / Desarrollo y Operaciones
DoD	definition of done / definición de terminado
DoR	definition of ready / definición de listo
AE	enterprise architect / arquitecto empresarial
	enterprise architecture / arquitectura empresarial
FT	functional testing / pruebas funcionales
GCI	guided continuous improvement / mejora continua guiada
GQM	goal question metric / Meta-Pregunta-Métrica
ISO	International Organization for Standardization / Organización Internacional de Normalización
TI	tecnologías de la información
ITIL	Information Technology Infrastructure Library / Information Technology Infrastructure Library
JIT	justo a tiempo
KPI	indicador clave de desempeño / key performance indicator
LeSS	Large-Scale Scrum / Scrum a gran escala
MBI	minimum business increment / incremento mínimo de negocio
MMF	minimum marketable feature / funcionalidad mínima comercializable
MMP	minimum marketable product / producto mínimo comercializable
MMR	minimum marketable release / versión mínima comercializable
MVC	minimal viable change / cambio mínimo viable
MVP	minimum viable product / producto mínimo viable
OKR	objectives and key results / objetivos y resultados clave
OODA	observe-orient-decide-act / Observar-Orientar-Decidir-Actuar
PHVA	plan-do-check-act / Planificar-Hacer-Verificar-Actuar
PHEA	plan-do-study-act / Planificar-Hacer-Estudiar-Actuar
PI	program increment / incremento de programa

DP	project manager / director del proyecto
PMI	Project Management Institute / Project Management Institute
PMO	program management office / oficina de dirección de proyectos
PO	product owner / dueño del producto
PoC	proof of concept / prueba de concepto
ROI	return on investment / retorno de la inversión
RUP	Rational Unified Process / Rational Unified Process
SAFe	Scaled Agile Framework / Scaled Agile Framework
SCF	Situation Context Framework / Situation Context Framework
SDLC	system delivery life cycle / ciclo de vida de entrega del sistema
	software delivery life cycle / ciclo de vida de entrega de software
	solution delivery life cycle / ciclo de vida de entrega de la solución
SLA	service-level agreement / acuerdo de nivel de servicio
SME	subject matter expert / experto en la materia
TDD	test-driven development / desarrollo guiado por pruebas
ToC	theory of constraints / teoría de las restricciones
UAT	user acceptance test / prueba de aceptación del usuario
	user acceptance testing / pruebas de aceptación del usuario
UI	user interface / interfaz de usuario
UP	unified process / proceso unificado
WIP	work in process / trabajo en proceso
XP	eXtreme Programming / Extreme Programming

Índice

Acerca de los autores

Scott W. Ambler es el vicepresidente y científico jefe de Disciplined Agile en el Project Management Institute, donde dirige la evolución del kit de herramientas de DA. Junto con Mark Lines, Scott es el cocreador, del kit de herramientas de Disciplined Agile (DA) y fundador de las metodologías de *Modelado Ágil (AM), Datos Ágiles (AD)* y *Procesos Unificados Empresariales (EUP)*. Es coautor de varios libros, incluyendo *Disciplined Agile Delivery, Refactoring Databases, Agile Modeling, Agile Database Techniques, The Object Primer – Third Edition* y muchos otros. Frecuentemente, Scott es un orador principal en conferencias, bloguea en ProjectManagement.com, y se puede seguir en Twitter a través de @scottwambler.

Mark Lines es el vicepresidente de Disciplined Agile en el Project Management Institute y un miembro de Disciplined Agile. Es el cocreador del kit de herramientas de DA y es coautor con Scott Ambler de varios libros sobre Disciplined Agile. Frecuentemente Mark es un orador principal en conferencias, y se puede seguir en Twitter a través de @scottwambler.